"vive l'armée!.."

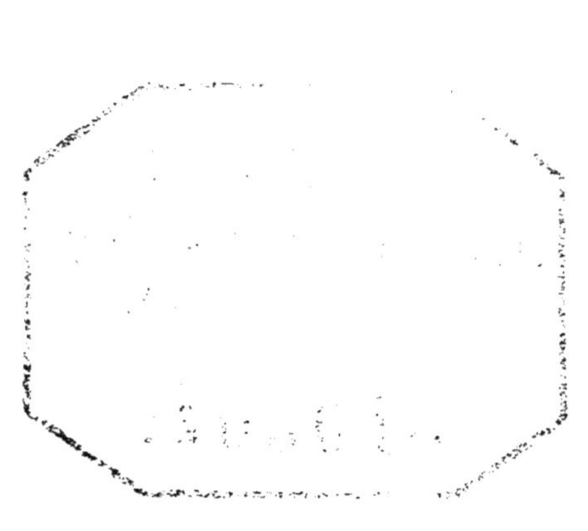

VIVE L'ARMÉE !

GEORGES DE LA FOUCHARDIÈRE

VIVE L'ARMÉE !

ÉDITIONS MONTAIGNE
IMPASSE DE CONTI, N° 2
ENTRE L'ACADÉMIE FRANÇAISE ET LA MONNAIE
PARIS-VI

L'édition originale de cet ouvrage
a été tirée à sept cent cinquante
exemplaires, sur papiers spéciaux,
ainsi répartis : 50 exemplaires sur
papier Madagascar, numérotés de
1 à 50 ; 200 exemplaires sur pur
fil du Marais, numérotés de 51 à
200, et 500 exemplaires sur
alfa numérotés de 201 à 750.

PRÉFACE

NOUS VOUDRIONS LA PAIX !

Et voilà des hommes de bonne volonté qui croient encore à la thérapeutique littéraire... L'*Ordre Naturel* ouvre une enquête sur le sujet suivant : « Croyez-vous en l'efficacité de l'œuvre littéraire pour éloigner les esprits de la guerre et consolider la paix du monde ? Dans quel sens pensez-vous que les écrivains doivent orienter leurs efforts ? Sous quelle forme la littérature vous semble-t-elle pouvoir aider le plus efficacement à la cause pacifiste ? »

La littérature a sur les esprits une action dynamique. C'est-à-dire qu'elle agit comme moteur, et non pas comme frein. Les récits de batailles maquillés par les poètes et les historiens, les discours de Pierre l'Ermite et les vers de Déroulède furent pour la guerre de puissants instruments de propagande, en ce qu'ils soulevèrent dans les masses un instinct sauvage et une ardeur imbécile... agissant sur l'âme des foules comme le frémissement du tambour agit sur le diaphragme des individus.

Mais il est insensé d'employer de grands mots et

des gestes exaltés pour ramener les gens au calme et à la raison : « Guerre à la guerre fratricide ! *Bella matribus detestata !* » Au premier roulement de tambour, autant en emporte le vent... Ainsi Cassandre vaticinait frénétiquement entre les Grecs belliqueux et les Troyens en armes. Elle écumait en décrivant inutilement les horreurs trop visibles de la guerre, mais personne ne prêtait attention à cette militante du pacifisme antique.

On pourrait croire qu'un meilleur procédé consiste à tuer le militarisme par le ridicule en ridiculisant les militaires. Mais les militaires peuvent impunément se couvrir de ridicule, de plumets, de galons, d'aiguillettes, d'accessoires comme en portent les femmes, de harnachements comme en portent les chevaux. Et leur ramage, qui vaut leur plumage, prévaut sur toute l'ironie de la littérature.

Une œuvre définitive a ridiculisé la guerre ; mais on n'a pas cessé de se battre depuis que Voltaire a écrit *Candide*.

Sous le Second Empire, l'élite et la bourgeoisie applaudissaient la *Grande Duchesse*, qui est une caricature fine et puissante de l'armée : ces gens, qui se divertissaient aux dépens du général Boum et du soldat Fritz, sont partis pour Berlin avec enthousiasme, sans savoir qu'ils s'arrêteraient à Sedan, et ils ont pris au sérieux les maréchaux du Second Empire, plus grotesques en vérité que le général Boum.

Depuis, d'autres opérettes, comme *Le Petit Duc* et *Les Mousquetaires au Couvent*, ont rétabli le prestige extérieur et théâtral du militaire, par des moyens qui n'ont pas varié depuis l'âge du bouillant Achille et du généralissime Agamemnon.

Comment voulez-vous que la littérature rende la

guerre odieuse si la guerre elle-même n'arrive pas à obtenir ce résultat ?

Et comment voulez-vous que des livres écrits par les hommes arrivent à rendre les hommes bons, raisonnables et idéalement humains ?... Les hommes ont lu l'Evangile, qui n'était pas écrit par les hommes, et vraiment l'Evangile ne leur a fait ni chaud ni froid.

CHAPITRE I

LA DISCIPLINE MILITAIRE [1]

MARQUES EXTÉRIEURES

Il y a quelques jours, vers 17 heures, un jeune soldat passait sur la place de l'Opéra ; il rencontra un jeune lieutenant ; le soldat regarda froidement l'officier ; puis il poursuivit sa route.

Vous pensez peut-être que, comme sujet d'article, c'est insuffisant. Dans le civil, oui ; car, dans le civil, nous donnons une importance démesurée à des choses futiles, comme, par exemple, les femmes, l'argent, l'art ou la mort ; mais nous ne prêtons qu'une attention insuffisante aux choses vraiment importantes, comme l'astiquage, les sonneries et les marques extérieures de respect.

Heureusement, *La France Militaire*, qui est notre confrère supérieur, donne au scandale de la place de l'Opéra toute la place qui lui convient dans l'actualité. Et le lieutenant-colonel G... consacre un long article à cet événement.

Certains optimistes penseront peut-être qu'il n'y a pas lieu de s'alarmer et que le lieutenant-colonel G... s'est exagéré l'importance d'un fait inexacte-

(1) Comme pour « Le Diable dans le Bénitier », les éditeurs ont réuni et classé en volume le meilleur des écrits satiriques de G. de La Fouchardière. On ne s'étonnera donc pas de rencontrer ici quelques articles qui remontent aux années de guerre, afin de donner à ce recueil toute sa portée.

ment rapporté ou démesurément grossi dans un but antimilitariste, pour faire croire que le sens du respect hiérarchique s'affaiblit dans l'armée.

Mais non. Le lieutenant-colonel G... était présent sur les lieux ; il a vu de ses yeux le soldat ne point saluer l'officier. Il a été indigné de l'attitude du soldat qui n'a pas salué ; il a été attristé de l'attitude de l'officier subalterne, qui n'a pas exigé le salut et qui s'est ainsi rendu coupable, selon la propre expression de l'officier supérieur, « d'une petite lâcheté »... Et le lieutenant-colonel a pris aussitôt une résolution énergique : « Attends un peu... Je vais raconter ça dans les journaux. » Cette sanction est plus civile que militaire ; je suis persuadé que les coupables préfèrent un blâme par la voie de la presse à quatre crans qui, par la voie hiérarchique, sont aptes et idoines à faire des petits.

Nous pouvons remercier le Dieu des armées de ce que le scandale ait été limité dans son importance.

Supposez que le maréchal Foch, passant sur la place de l'Opéra à 17 heures, ait vu le soldat qui ne saluait pas, le lieutenant qui n'exigeait pas le salut, et le lieutenant-colonel, qui, sans penser à intervenir, se contentait de ruminer son article.

Je vais plus loin. Je suppose que le maréchal Foch n'ait rien dit devant ce spectacle.

Et je suppose que M. Maginot, ministre de la guerre, passant sur la place de l'Opéra, ait vu le soldat qui ne saluait pas, le lieutenant qui n'exigeait pas le salut, le lieutenant-colonel qui ne protestait pas et le maréchal Foch qui ne disait rien.

Je vais encore plus loin :

Je suis persuadé que M. Maurice Barrès eût protesté d'un mouvement indigné du menton... Et qu'est-ce que Blaise Pascal eût pris à Clermont-

Ferrand ! On sait que M. Barrès va partir pour l'Auvergne, afin de prononcer un discours sur Pascal ; et ce discours sur Pascal doit être un discours contre Pascal, car Pascal est encore plus antipatriote que Renan... Pascal ne comprend pas qu'on tue un type parce qu'il est né de l'autre côté du fleuve... M. Barrès comprend, lui ; ce qui prouve que M. Barrès est plus supérieurement intelligent que Pascal.

Il est possible, après tout, que le Pascal dont M. Barrès veut entretenir l'Auvergne ne soit pas l'auteur des *Provinciales*, mais plutôt l'auteur de *Crésus*. (Nous connaissons un Pascal qui est baron de Rothschild et, par conséquent, lecteur influent de l'*Echo de Paris*.)

Je suis persuadé que M. Barrès eût protesté devant le scandale de la place de l'Opéra.

Mais je suis persuadé également que M. Maginot et le maréchal Foch, suivant mon hypothèse, eussent fermé les yeux. Le maréchal Foch a le goût de la popularité. M. Maginot a le respect de l'électeur. Tous les deux ont le sens du ridicule.

La place de l'Opéra est une place civile. La civilité veut qu'on salue les personnes que l'on connaît. Probablement, le soldat n'avait jamais tant vu ce lieutenant, qui ne faisait pas partie de ses relations...

Vous me direz que ce l'on salue dans un officier, ce n'est pas l'homme, mais le galon.

Le galon, vraiment ?

Je suis sûr que M. Maurice Barrès lui-même ne se découvre pas lorsqu'il passe devant un magasin de passementerie.

PRO DOMO

M. Clemenceau nous rappelle qu'il est le chef suprême de l'armée. Il commence par le commencement. Au commencement de la théorie, il y a les marques extérieures de respect.

M. Clemenceau a remarqué que le respect, depuis trois ans, devient de moins en moins extérieur. Il entend que désormais chaque supérieur, en toute circonstance, obtienne de tout inférieur le salut hiérarchique et que chaque inférieur, en présence de tout supérieur, rectifie sa position dans le sens réglementaire... (J'ai dit... Rompez !)

Je me permettrai de rappeler à M. le ministre de la guerre un petit dialogue des tranchées que je trouve charmant et conforme au protocole de guerre.

Ça se passe dans la nuit, au cours d'une relève. Un poilu fait des observations à celui qui marche devant lui dans le boyau.

— Si tu ne te grouilles pas, fleur de pochetée, je te f... mon pied au c... !

— Si tu ne la boucles pas, crème d'andouille, je te f... quatre jours !

— Tiens, c'est vous, mon capitaine... Je ne vous avais pas reconnu...

Les soldats qui saluent et les officiers qui sont salués sont en général de mon avis sur le protocole archaïque de la politesse militaire. Ils désirent que les permissions soient réellement des permissions de détente, même pour le bras droit.

Un poilu propose timidement une sol... ion, tirée de cette ancienne coutume d'après laq... les capotes des soldats devaient être boutonnées sur la droite pendant la première quinzaine du mois et sur la gauche pendant la deuxième quinzaine, afin d'obtenir une usure égale des deux côtés. Ainsi les militaires salueraient de la main droite du 1ᵉʳ au 15, et de la main gauche du 15 au 31, ce qui éviterait l'atrophie du bras gauche et l'hypertrophie du bras droit... Hélas ! mes correspondants civils ne sont pas contents... Ils me reprochent de vouloir « saper les bases de la discipline de l'armée ».

L'un d'eux m'écrit :

« *Alors, monsieur, vous voulez que nous imitions l'exemple de la Russie ? Les soldats russes ont cessé de saluer leurs officiers. C'est de là, monsieur, que sont sortis le maximalisme, puis la révolution, puis la paix honteuse.* »

Parfaitement. Les Conventionnels se tutoyaient. C'est donc ce tutoiement qui a causé la Terreur, les guerres de l'Empire, l'affaire Dreyfus et le Panama. Il faut toujours être poli.

Un autre correspondant se montre psychologue, voire astucieux :

« *Je suis sûr, m'écrit-il, que vous avez autrefois couché à la salle de police. C'est une rancune personnelle. Tout s'explique.* »

Ce lecteur a presque deviné. Il y a là un souvenir personnel. Je vais tout vous avouer :

Il y a huit jours, je me trouvais dans le métro Auteuil-Opéra. Trois poilus se tenaient devant la porte de la voiture, se disposant à descendre aux Invalides.

Le train s'arrêta. Mais les trois poilus, au moment de descendre, s'avisèrent de la présence d'un commandant qui se trouvait derrière eux. Ils saluèrent et s'effacèrent pour le laisser passer.

— Mais non... mais non, fit le commandant. Descendez, mes amis...

Obstinés dans leur respect et rectifiant de plus en plus la position, les poilus ne bougèrent pas. Ils étaient décidés à ne descendre qu'après l'officier supérieur.

— Descendez donc, répéta le commandant avec un peu d'impatience.

D'autant plus que les civils, à l'arrière, étaient embouteillés.

Mais les trois poilus ne cédèrent pas sur cet article de respect extérieur. Le train repartit, emportant ses voyageurs civils et militaires.

Ça ne serait pas arrivé si le commandant avait expliqué tout de suite, comme il le fit plus tard, qu'il allait à l'Opéra et n'avait aucune raison de descendre aux Invalides.

Mais, à cette occasion, j'ai fait sinon quatre jours de salle de police, du moins trois stations de rabiot, ce qui me suffit, à la rigueur, pour protester contre l'abus des marques extérieures de respect.

DU RESPECT RÉGLEMENTAIRE

Le ministre de la guerre vient de prendre une décision importante. Il a rédigé une circulaire aux termes de laquelle « pendant l'exécution de l'hymne national, les militaires isolés doivent saluer dans la forme réglementaire et rester dans la position du « garde à vous » jusqu'à la fin de l'exécution de l'hymne. »

Tout aussitôt, ce texte a donné prise à l'exégèse et la controverse a passionné les journaux de grande information. Qu'est-ce que la forme réglementaire ? D'après certains auteurs estimables, pour saluer dans la forme réglementaire il suffit de porter la main au képi, puis de la renvoyer dans le rang et de rester comme ça, les talons joints, jusqu'à ce que la *Marseillaise* ait pris fin. D'après une autre école de commentateurs, non seulement les talons doivent rester juxtaposés pendant la musique vocale ou instrumentale (tout le monde est d'accord sur le dogme de la juxtaposition des talons : la juxtaposition des talons est dans le monde des militaires un signe de vénération profonde), mais la main de l'auditeur doit rester à la visière et l'œil fixé à quinze pas, sur Mlle Chenal ou sur le premier trombone de la garde républicaine, suivant le cas.

Il est incontestable que la main placée derrière le pavillon de l'oreille dénoterait une attention plus flatteuse. Mais la main ouverte devant la visière du képi marque un respect plus passif. Il ne faut pas chercher à comprendre, mais il faut chercher à se tenir au courant, pour suivre le mouvement... Ainsi cette main ouverte, qui est extrêmement respectueuse dès qu'elle s'élève à la hauteur du front, franchit les limites de l'irrévérence, si elle se pose sur la cuisse, tendue horizontalement, le pouce indiquant la direction de Montmartre.

Encore que Rouget de Lisle n'ait pas prévu la codification de la *Marseillaise* (dont il n'avait pas davantage prévu la chenalisation), notre ministre de la guerre a été très sagement inspiré lorsqu'il a fixé une fois pour toutes l'attitude des militaires pendant l'exécution de notre hymne national.

L'audition de la *Marseillaise*, en effet, est une des principales occupations du soldat dans les intervalles de paix (le soldat et la*Marseillaise* étant, avec le haut personnage qui vient recevoir ou commémorer quelqu'un ou quelque chose, les éléments nécessaires et suffisants de toute cérémonie officielle). En temps de guerre, au contraire, ce sont les civils qui encaissent la *Marseillaise* ; ils doivent alors se tenir debout devant leur fauteuil d'orchestre ou leur strapontin, car ça se passe toujours au théâtre et c'est pourquoi personne n'a jamais pu savoir si les civils joignaient les talons pendant l'exécution de notre hymne national.

Pour quelqu'un qui chercherait à comprendre, l'immobilité de l'auditeur civil ou militaire paraîtrait un singulier contre-sens au cours d'un hymne qui est tout de mouvement... Eh quoi ! cette passivité digne de choristes d'opéra pendant que la patrie appelle les citoyens aux armes (marchons ! marchons !), les invite à abreuver leurs sillons d'un sang impur et leur fait entendre les clameurs de ces féroces soldats qui viennent jusque dans nos bras égorger nos fils et nos compagnes... (Entre nous, ce dernier couplet fait de la *Marseillaise* le plus bel bel hymne antimilitariste qui se soit chanté depuis le général Marlborough.)

En vérité, on devrait réserver la *Marseillaise*, comme excitant, comme doping musical, pour les circonstances appropriées à son mouvement agressif : lorsqu'une troupe marche au combat, lorsque M. Aristide Briand s'avance contre M. Lloyd George, lorsque M. Georges Carpentier, culotté de tricolore, bondit vaillamment vers l'ennemi au caleçon étoilé.

Pour les autres circonstances nous avons d'autres hymnes. Et nous attendons de M. Barthou qu'il nous indique les marques extérieures de respect exigibles pendant l'exécution de la *Madelon*...

LA FORCE PRINCIPALE DES ARMÉES...

Ainsi, deux capitaines ont préféré ne pas partir pour la Syrie.

C'est un symptôme fort satisfaisant en ce sens qu'il révèle, dans l'armée, un élément moral nouveau : les gestes des militaires peuvent donc être déterminés par la réflexion, alors que, de toute éternité, ils ont été commandés par des réflexes.

Il y a un petit inconvénient : c'est que la réflexion, qui est un effort de sagesse individuelle, produit chez des êtres divers des mouvements en sens contraire et d'effet contradictoire... alors que la discipline, qui est un effort de sagesse collective, produit ces mouvements d'ensemble qui font la force principale des armées.

Mais la réflexion individuelle, employée comme il faut, mettrait certainement un frein à bien des bêtises collectives, à effectifs nombreux et à destination lointaine.

Bien entendu, nous ne voulons pas faire allusion ici au Maroc, ni à la Syrie, qui constituent à la fois des entreprises fructueuses et des villégiatures agréables.

C'est des Croisades que nous voulons parler, et de cette armée de crustacés et de hannetons qui partit vers l'Orient, sous le commandement du Tout-Puissant, généralissime singulièrement imprévoyant, ignorant des éléments de la tactique et des contingences de la géographie... L'ordre avait été donné : « Dieu le veult ! » et seuls osèrent s'y soustraire quelques malins embusqués dans la gendarmerie métropolitaine, qui alors se confondait avec le brigandage de grand chemin...

Abd-el-Krim, à cette époque, s'appelait Saladin.

Il n'avait pas d'avions ni de mitrailleuses ; les autres non plus. Les communiqués sont dans les livres d'histoire qu'étudient les enfants, mais n'ont jamais servi de leçons aux grandes personnes.

Sauf, peut-être, à ces deux capitaines, qui, ayant reçu l'ordre d'aller là-bas, déclarent tranquillement qu'ils resteront ici. Le premier s'est fait porter malade. Quant à l'autre, il a offert sa démission au gouvernement ; mais ça ne se passera pas de cette façon... Ah ! mais non !... On lui donnera son congé, sans affectation spéciale. Limoges est réservé aux généraux ; les maréchaux ont Vichy et Chantilly. Le capitaine récalcitrant ira où il voudra, puisqu'il ne veut pas aller où on veut l'envoyer.

Cet exemple terrible sera certainement favorable aux intérêts de la discipline.

Supposez un simple troufion, un vulgaire soldat du 35° d'infanterie, désigné par le sort pour aller au Maroc ou en Syrie, et que ça embête d'aller en Syrie ou au Maroc... Une telle hypothèse est à la fois impie et invraisemblable ; un bon Français ne saurait supposer sans crime contre la patrie qu'un soldat puisse hésiter à partir, du moment qu'il s'agit de se battre quelque part... Mais enfin, du moment que deux capitaines ont dit : « Je ne marche pas », il n'est pas tout à fait impossible qu'un soldat déclare : « J'ai les godillots nickelés, comme le capiston... » Eh bien, ne pensez-vous pas que le soldat indiscipliné y regarderait à deux fois à suivre l'exemple du chef, à la perspective du châtiment terrible qui a frappé son supérieur, à l'idée qu'on pourrait lui dire, à lui aussi : « Vous êtes mis en non-activité ; vous êtes chassé de l'armée... Allez-vous-en ! »

Il se trouvera des gens pour prétendre que je me

trompe, et que le soldat ne sera pas mis dehors, mais dedans, ce qui constitue une aggravation de peine pour ceux qui aiment le grand air, la société de leurs semblables et un confort relatif dans leur habitation.

Ce sont ces gens-là qui se trompent... Vraiment, pour un geste de lassitude ou de répugnance, est-il possible de punir un soldat, qui est soldat malgré lui, plus sévèrement qu'un officier qui a choisi librement sa profession et en a accepté les devoirs en échange d'appréciables avantages ?

Ce sont ces gens-là qui se trompent, ou alors nous finirions par croire que, décidément, dans tout ce qui touche au métier militaire, il ne faut pas chercher à comprendre.

LETTRE RESPECTUEUSE AU GÉNÉRAL GOURAUD

Je voudrais, Monsieur le général (par excessive déférence, j'écris : « Monsieur le général », comme j'écrirais : « Monsieur l'évêque » ou « Monsieur l'archange saint Michel », le titre « Monsieur » me semblant infiniment plus honorable que la profession d'évêque, d'archange ou de général, et le pronom possessif, estimé suffisant par les soudards pour précéder le titre « général », me paraissant d'une familiarité incivile), je voudrais attirer de nouveau votre attention sur le nommé Herpin (Georges), qui, pendant la guerre, fut P. C. D. F. au delà des forces humaines et qui, pendant la paix, resta P. C. D. F. en dépit de toute vraisemblance, par le caprice d'un souf-off glorieusement exalté.

Herpin (Georges), considérablement amoché et gazé par surcroît, avait été réformé au taux de 100 %, ce qui semble à première vue intégral, définitif, propre à dispenser le soldat, ainsi promu civil, de toutes les corvées militaires et à l'exempter de salle de police.

C'est une erreur.

Herpin (Georges), n'était pas exempt de crises d'hémoptysie, ce qui rendait son existence excessivement précaire. C'est ainsi qu'il fut hospitalisé, à titre civil, à l'hôpital Percy, situé à Clamart.

Le 4 novembre dernier, Georges Herpin, se sentant par hasard apte et idoine à se tenir sur ses jambes, fut rencontré dans un couloir de l'hôpital par un sergent anonyme que nous appelerons Flick, en attendant que son identité soit fixée de façon plus précise.

Le couloir était consigné à la troupe et réservé aux seuls gradés. Le sergent Flick constata la violation de discipline, aggravée d'une sorte de chasse sur terrain prohibé. Et il conclut :

— Voulez-vous parier que je vous fait descendre de pied ferme en cellule ?

Il ne faut jamais tenir un pari de ce genre contre un militaire galonné... Georges Herpin eut le tort de répondre :

— Je suis civil, je suis malade ; par conséquent, vous n'avez qu'à me f... la paix.

Le soir même, le sergent avait gagné son pari. L'incarcération, dont la durée était fixée à huit jours, fut réalisée par un lieutenant, assisté d'un adjudant et de deux soldats.

Deux jours plus tard, le médecin-chef levait la punition. La démonstration était suffisante. Elle prouve qu'un civil, grand malade, peut être envoyé « au chose » par l'adjudant Flick pour infraction à la discipline militaire.

C'est un des fruits de la victoire. Georges Herpin le trouva amer ; il était resté quarante-huit heures, sans soins, dans les locaux disciplinaires. S'il en était mort, l'affaire se serait arrangée toute seule. Il n'en mourut pas ; il fallait arranger l'affaire.

Sur l'intervention du Groupe de Défense des Pensionnés de Guerre (83, rue Boursault), vous avez ordonné, Monsieur le gouverneur de la place de Paris, une enquête où vous avez apporté une loyauté qui touche à la candeur. Suivant les principes dont l'affaire Dreyfus a établi une fois pour toutes la valeur stratégique, les coupables eux-mêmes furent chargés de l'information. Et le rapport, qui maintenant est revêtu de votre signature, établit que les faits ayant motivé la plainte d'Herpin (Georges) sont au total inexacts, bien que n'étant pas dans le détail, dénués de fondement.

Mais, avec une incroyable crânerie, M. Zittel, président du Groupe de Défense des Pensionnés de Guerre, se permet d'insister et de vous contredire. Il a procédé à une contre-enquête qui est décisive, personne n'ayant intérêt à mentir à un simple civil, et les témoignages sont unanimes.

Non seulement le nommé Herpin (Georges), P. C. D. F. incurable et chronique, a passé quarante-huit heures dans les locaux disciplinaires de l'hôpital (comment un hôpital peut-il posséder des locaux disciplinaires ?), mais encore le sergent glorieusement exalté l'a menacé de lui passer la camisole de force s'il continuait à rouspéter. Et l'officier présent a été obligé de calmer la glorieuse exaltation du sergent, qui allait tout de même un peu fort.

Monsieur le général, donnez au monde civil et civilisé un exemple inouï, incroyable, propre à confondre ceux qui, appartenant à l'armée même, jugent l'armée sans indulgence.

L'exemple d'un militaire supérieur qui, une fois, de son propre gré, sans y être obligé, a publiquement reconnu son erreur.

UN IDÉAL

...Monsieur, vous faites une misérable besogne. Vous vous acharnez à bafouer le glorieux idéal qui se trouve dans le cœur de tout Français. Cet idéal, c'est la discipline, qui inspire toutes les abnégations et tous les dévouements, la discipline librement consentie qui élève l'homme au niveau de sa tâche sacrée ; la discipline qui nous a sauvés et qui, malgré vous, nous sauvera encore. Je ne suis qu'un simple...

Je tourne la page et je fais avec moi-même un pari... J'ai gagné mon pari ! De l'autre côté de la page, la phrase s'achève, suivant ma prévision.

Je ne suis qu'un simple adjudant...

En vérité, Courteline est un grand psychologue qui nous fit entrevoir le caractère mystique et sacré de l'adjudant Flick. Dans toute la hiérarchie, le grade d'adjudant est le seul qui soit véritablement militaire : au-dessous, on accomplit sa tâche d'une façon mécanique ; au-dessus, on remplit les obligations de sa profession avec la désinvolture d'un amateur ou l'acharnement d'un ambitieux. Mais l'adjudant est un apôtre ; il est le gardien de la discipline ; à cheval sur ce mur d'airain, il ne voit pas en deça, ni au delà. Lui seul, en vérité, est capable de définir la discipline comme un idéal, qu'il ne faut pas seulement subir par force, mais qu'il convient de respecter librement.

Pour être civil, on ne se trouve pas moins sous la

coupe de l'adjudant ; je m'en aperçois fréquemment en lisant mon courrier... Mais le civil a un privilège : il peut discuter avec son... supérieur.

Discutons.

Il ne suffit pas, pour comprendre la discipline, de l'admirer dans son mécanisme et dans ses effets. L'effet principal de la discipline, c'est un bel alignement ; les militaires sont disposés à considérer l'alignement comme de l'ordre, le silence comme une parfaite harmonie et l'immobilité comme un symptôme de complète satisfaction... Je ne veux pas contester cette théorie contestable ; ce n'est pas seulement une théorie, c'est *la* théorie... Mais je veux remonter jusqu'au principe de la discipline.

Le principe de la discipline, c'est l'autorité : un ordre venu d'une seule bouche ou d'une seule plume et qui, se répercutant, se multipliant à l'infini, est passivement suivi par des milliers et des millions d'individus.

C'est admirable... C'est admirable à condition que l'ordre soit raisonnable et que l'autorité initiale soit en même temps une intelligence... Oh ! je comprends admirablement la discipline ecclésiastique, car, au sommet de la hiérarchie, il y a un pape qui ne peut pas se tromper et qui est inspiré par l'Intelligence Suprême. On ne peut pas demander mieux et les autorités subalternes sont couvertes par l'Autorité infaillible et encyclopédique.

Du temps où le soldat de France était, comme dit M. Clémenceau, le soldat de Dieu, on pouvait comprendre et admirer une discipline militaire qui s'imposait par la voix de Pierre l'Ermite ou les voix de Jeanne d'Arc.

Mais, en dehors de ces cas exceptionnels, la discipline qui s'impose au soldat, et aussi celle qui semble s'imposer au citoyen. m'inspire des inquiétudes terribles.

Car l'autorité initiale et toute-puissante peut être aux mains d'un reluisant imbécile ; ça s'est vu. Elle peut être aussi aux mains d'un méchant, d'un ambitieux ou simplement d'un type un peu susceptible qui, au lieu d'envoyer une paire de témoins au bonhomme qui l'a vexé, envoie contre lui quelques millions de soldats avec des canons et des mitrailleuses.

En temps de paix, le principe d'autorité appuyé sur la discipline peut se manifester par quelques décrets simplement ridicules sur l'art de couper les cheveux ou de boutonner les vareuses ; en temps de guerre, il peut engendrer des catastrophes... On obéit aveuglément, avec la fierté d'être un soldat de Napoléon ; plus tard, beaucoup plus tard, un peu trop tard, on se rend compte qu'on a été simplement un sujet soumis d'Ubu-Roi.

Oh ! je sais ce que vous allez me répondre, mon adjudant :

— C'est bien plus beau d'obéir quand on ne comprend pas.

Mais je ne discuterai pas ce point de vue, qui est trop exclusivement militaire.

HOMICIDE SANS IMPRUDENCE

En interprétant la loi dans le sens le plus large, le plus humain, vous trouvez juste, n'est-ce pas, qu'un homme ayant causé la mort d'un autre homme soit puni, même s'il n'est coupable que d'imprudence.

Pourquoi laisse-t-on impuni cet officier supérieur de la garnison de Versailles qui, par un acte de froide méchanceté, occasionna la mort d'un jeune soldat et dont la presse dans un sentiment d'excessive indulgence, n'a même pas publié le nom ?

Le jeune soldat, se trouvant en permission, eut le malheur de rencontrer l'officier supérieur dans les rues de Versailles. La cravate du jeune soldat était mal nouée. L'officier supérieur infligea au jeune soldat une punition de quinze jours de prison.

Le jeune soldat prit la chose au sérieux: fils d'un lieutenant-colonel en retraite, il avait sans doute un sentiment exagéré de l'honneur militaire, si chatouilleux, si puéril, si superficiel ; de l'honneur militaire que symbolisent un paquetage bien carré, une escouade bien alignée et que blesse mortellement un salut incorrect ou une cravate mal nouée.

Le jeune soldat ne put survivre à la perte de son honneur. Il rentra chez lui et se brûla la cervelle. Et son père, l'ancien officier, pleura des larmes de sang en songeant à des choses anciennes, à cet ordre militaire qui avait jadis été son idéal, à cette discipline nécessaire dont il avait si longtemps admiré la rigueur et dont il comprenait enfin la barbarie.

Vraiment, si une cravate mal nouée vaut quinze jours de prison au porteur, que vaudra à son auteur le meurtre d'un enfant de vingt ans ?

La loi férocement appliquée par un conseil de guerre, en temps de guerre, est au moins enveloppée des formes de la justice... Sans le moindre appareil, sous le moindre prétexte, l'adjudant Flick, devenu officier supérieur, peut exécuter le soldat que son antipathie a condamné. La discipline met à son service un système infaillible de persécution méthodique.

Les malfaiteurs qui fréquentent seulement la prison civile, les joyeux farceurs qui, ayant brûlé treize femmes, continuent à coucher dans un lit, à manger à leur faim et à alimenter la presse de leurs bons mots, ne se font pas la moindre idée de ce que peut être la prison militaire, réservée aux misérables dont la cravate est mal nouée ou les cuirs imparfaitement astiqués.

Les nuits glaciales passées sur la planche, la diète rigoureusement appliquée, la solitude dans le cabanon, troublée seulement par l'appel d'un garde-chiourme en vue des corvées les plus pénibles et les plus répugnantes... Il est relativement rare qu'une condamnation à quinze jours de prison équivaille à une condamnation à mort ; mais il arrive fréquemment qu'un puni de prison, par un matin d'hiver, sorte de boîte pour entrer à l'hôpital ; beaucoup d'hommes de ma génération (je ne sais si le régime a été adouci) ont conservé des rhumatismes tenaces comme souvenir des nuits passées tout simplement à la salle de police. Et quinze jours de prison mettent le sujet dans un état d'hébétude et d'abrutissement très favorable aux intérêts de la discipline.

Par l'amertume profonde qu'elle a laissée dans le grand cœur de notre Courteline, l'odieuse servitude militaire nous a valu des chefs-d'œuvre. Ce serait bien payé si un système pénal digne de l'esclavage antique et capable, par la terreur qu'il inspire, de pousser les esclaves à la mort avait aujourd'hui disparu de nos mœurs.

Mais il reste en vigueur, toujours aussi arbitraire, toujours aussi intolérable par la disproportion monstrueuse entre la faute commise et la peine encourue.

Que l'officier supérieur dont la presse indulgente n'a pas donné le nom puisse dormir tranquillement sans que son sommeil soit hanté d'un spectre, c'est affaire entre lui et sa conscience.

Mais on ne saurait supporter que le sacrifice de 1.500.000 Français, morts pour le vain espoir d'arracher à la guerre ses victimes futures, n'ait pu au moins racheter la vie, le repos, l'heureuse jeunesse de leurs enfants courbés en temps de paix sous la meurtrière tyrannie du colonel Flick.

UNE FORME DE LACHETÉ COLLECTIVE

Un nouvel élève d'une de nos grandes écoles militaires est venu me rendre compte de ses premiers travaux.

— Douze fois par nuit, je dois refaire mon lit... On m'oblige, une fois par semaine, à grimper au paratonnerre qui domine le toit de l'Ecole pour y suspendre mes bretelles... Et hier encore, j'ai dû monter la garde pendant deux heures au milieu de la cour, mon épée à la main, et le corps protégé contre le froid uniquement par la couche de peinture jaune dont on m'avait préalablement revêtu...

— Je constate avec plaisir que le haut commandement a inauguré, pour la formation de nos futurs officiers, de nouvelles méthodes d'entraînement et d'assouplissement qui doivent donner d'excellents résultats... Il y a, dans cette nouvelle façon de porter les bretelles et d'appliquer aux blessés la couleur complémentaire, une fantaisie qui me plaît et que je ne m'attendais pas à rencontrer dans les règlements militaires.

— Mais ce n'est pas le haut commandement qui prend ces mesures !... Ce n'est pas le haut commandement qui met le soir en salade les chaussures et les vêtements de toute une promotion, de telle sorte que, le lendemain, les intéressés perdent de longues heures à reconnaître leur bien... Ce n'est pas le haut commandement qui pratique au fond de certains récipients individuels un trou invisible, de telle sorte que ces vases se comportent à l'usage comme celui de Sully-Prudhomme. Ce n'est pas le haut-commandement qui, ayant fait la chasse aux rats, met tout son gibier dans notre potage.

— J'y suis... ce sont les anciens qui, handicapés par une année de service (un soldat, c'est comme son pompon), veulent démontrer qu'ils sont devenus plus bêtes et affirmer ainsi sur les bleus leur incontestable supériorité... Mais pourquoi vous laissez-vous faire, quand il vous serait si facile de vous rebiffer ?

— C'est la tradition... Mais c'est bien ennuyeux de ne pouvoir manger. ni dormir, ni travailler tranquille...

— Silence dans les rangs ! La brimade est la force principale des armées et la manifestation la plus instinctive, la plus primitive, la plus admirable de la lâcheté collective, de la tyrannie hiérarchique. Des hommes, des enfants, réunis dans une caserne ou dans une école, n'ont qu'un idéal : ils jouent à opprimer le faible, à lui faire expier sa faiblesse en brisant sa fierté, en soumettant ses nerfs et son cœur aux épreuves les plus humiliantes et les plus dérisoires... On réprime la brimade dans les lycées et on a grand tort, parce que c'est un rude apprentissage de la vie, par quoi se révèlent la force et la souplesse, les futurs maîtres et les éternelles victimes, les féroces, les résignés, les pleurnichards et les patients rancuniers qui, longtemps, longtemps, attendront leur jour... On réprime la brimade à la caserne, ou du moins on la réserve aux seuls supérieurs hiérarchiques... Mais je suis bien content que la tradition en soit maintenue dans les Ecoles militaires ; c'est le début logique d'une vie qui est toute en brimades... Un officier, quel que soit le nombre de ses galons, a toujours au-dessus de lui quelqu'un qui le fait grimper au paratonnerre... Tout en haut de l'échelle, le ministre de la guerre est brimé par les parlementaires ; et les parlementaires sont brimés par leurs électeurs, ce qui est pour les civils une bien grande satisfaction...

— Ce n'est pas pour moi une consolation.

— Mais si... Songez que, l'an prochain, vous serez un ancien, un glorieux ancien, et qu'à votre tour vous ripolinerez les bleus en jaune et que vous les enverrez suspendre leurs bretelles au paratonnerre en manière d'offrande votive... Sans vouloir faire une comparaison offensante, croyez-vous que beaucoup de gosses se résigneraient à être embêtés par leurs parents s'ils n'avaient pas la perspective d'avoir plus tard des enfants qu'ils pourront embêter à leur tour ?

C'est en vain que le jeune homme entreprit de me démontrer que, entre x et $x+1$, il y a une différence de valeur qui tend vers l'infini. J'ai le tort en effet de me placer au point de vue de l'arithmétique, qui me rend inapte à comprendre les mathématiques spéciales.

INSTRUCTION CONTRE X

A l'heure même où une bande de cambrioleurs s'introduisait dans une charcuterie de luxe voisine de la place de l'Opéra pour exercer des ravages dans la mortadelle, une équipe de polytechniciens en uniforme, ayant cheminé sous terre (telle est la coutume de la « taupe), surgissait par une bouche d'égout dans une cour du lycée Saint-Louis. Puis elle pénétra dans le dortoir où les tapins en herbe rêvaient au bicorne de l'Ecole, que porta Joffre, leur ancien, ou même au bicorne de l'Académie qu'il porte aujourd'hui (car Polytechnique mène à l'Académie par le Chemin des Dames et ramène au lycée Saint-Louis par les égouts de la rive gauche).

Dans le dortoir du bahut, les polytechniciens se conduisirent en conquérants, c'est-à-dire très mal. Après une préparation d'artillerie exécutée au moyen de pétards, ils jetèrent les potaches à bas de leurs lits, où ils versèrent quelques brocs d'eau afin que leurs cadets pensassent à eux pendant le reste de la nuit. Puis, ayant brillamment repoussé une contre-attaque dirigée par les maîtres d'internat, ils regagnèrent les derrières du Panthéon, non sans avoir allumé quelques feux de bengale qui donnèrent à la petite fête le reflet d'incendie indispensable à toute prise de ville, en manière d'épilogue et de conclusion morale.

Les maîtres d'internat de Saint-Louis, voués à une carrière civile, n'ont pas l'esprit militaire. Ils furent se plaindre au général Thomas, qui gouverne l'Ecole Polytechnique. Le général Thomas ne consentit pas à recevoir les maîtres d'internat; mais il reçut quelques instants plus tard un reporter de grande information à qui il expliqua que la prise et le sac du lycée Saint-Louis étaient une manière de tradition respectable.

Il existe trois espèces de cambrioleurs, que nous citerons par ordre de mérite :

Les cambrioleurs qui viennent pour le coffre-fort et, à défaut, pour la mortadelle;

Les cambrioleurs qui viennent pour une jeune fille dont ils ont l'intention de demander la main (c'est la variété lyonnaise) ;

Et enfin les militaires qui prennent part à une expédition coloniale ou métropolitaine.

Du point de vue stratégique, l'expédition de Saint-Louis fut adroitement combinée et brillamment exécutée. L'assaillant doit toujours venir du côté où on ne l'attend pas. Ainsi Napoléon, lorsqu'il cambriola l'Italie, passa par en haut; il eût passé par en bas, s'il y avait eu un égout ou un tunnel sous les Alpes.

Quant au but cherché et atteint, il est hautement honorable et conforme à la discipline qui fait la force principale des armées. Les polytechniciens n'ont pas obéi à un sentiment de basse rancune qui les eût poussés à casser les vitres de leur ancienne prison et, au besoin, à y mettre le feu... Ils ont voulu aguerrir leurs jeunes camarades et les préparer au métier. La brimade est une forme du dressage.

La discipline consiste à embêter les gens qui sont au-dessous de vous. Les supérieurs hiérarchiques ont le droit de punir, qui va du poteau d'exécution à la salle de police... Entre égaux, il y a tout de même une hiérarchie, de l'ancien au nouveau. L'ancien n'a pas le droit de punir son conscrit, mais il possède des moyens de persuasion plus gentils, comme le lit en bascule, le passage à la patience et la voltige sur la couverte; le bleu, sans l'intervention du galonné, peut tout de même être privé de nourriture et de sommeil par l'autorité de ses aînés.

Une persécution systématique, une tyrannie réglementaire est la marque extérieure de la supériorité dans le métier militaire. Cette constatation est la condamnation du système.

Puisque des polytechniciens, dans l'armée, représentent l'intelligence (c'est-à-dire l'x, c'est-à-dire l'inconnu), ne doivent-ils pas prendre la courageuse initiative de réformer une trop vieille tradition ?

Je me permets de leur suggérer une heureuse façon de fêter le prochain Noël.

Par équipes, par les toits ou par les égouts, le soir du réveillon, ils s'introduiront dans les lycées où fut brimée leur adolescence. Et, dans les souliers de leurs petits camarades endormis, ils déposeront des sacs de crottes de chocolat et des paquets de cigarettes. Surtout, qu'ils n'oublient pas les pions, les pauvres pions qui ne sont pas gâtés et qui seront sensibles à ce genre de brimade !

C'est bien comme ça qu'il faut fêter le prochain Noël, le Noël d'après Locarno.

CHAPITRE II

LE SOLDAT
DE DEUXIEME CLASSE

INDIVIDUS !

Le Sénat a apporté une importante modification
à la loi sur le recrutement. Le mot « individus » a
été remplacé par les mots : « jeunes gens » pour désigner les assujettis... Le terme « individus » est
péjoratif, étant fréquemment suivi du complément
« suspect » ou « en état d'ivresse », ou « porteur
d'armes prohibées ». Tous les types qu'on arrête
dans la rue ou qu'on recherche par la ville sont des
« individus », d'après les rédacteurs de faits-divers,
qui connaissent la langue française ou, du moins,
font profession de la pratiquer.

Cependant il ne faudrait pas encourager chez nos
futurs héros une susceptibilité excessive. Lorsqu'ils
arriveront à la caserne, on ne les appellera pas « individus », on ne les appellera pas non plus « messieurs » ou « jeunes gens »; mais les caporaux instructeurs les qualifieront de « veaux mal cuits »,
d' « andouilles ficelées », d' « outils », ou même,
prenant la partie pour le tout, de « manches ». Les
assujettis à l'alignement auraient tort de s'en offenser, car ce sont là des expressions de la jovialité

militaire par quoi le troupier français est le plus hilare, en même temps que le plus valeureux des guerriers.

Mais l'amendement voté par le Sénat a une signification plus haute et plus noble.

Toute recrue perd, du fait du recrutement, le droit à la qualité d'individu; laquelle qualité résume tous les défauts de la nature humaine. Il cesse d'être un corps relativement indépendant pour être incorporé dans une masse dont chaque mouvement est commandé par une volonté étrangère et dont chaque molécule est aussi inconsciente que les molécules qui composent un boulet de canon.

L'individu est un être considéré à part de l'espèce à laquelle il appartient; libre dans une certaine mesure, l'individu peut avancer, reculer, sauter, s'asseoir, se coucher, se moucher sans permission préalable et sans sanction ultérieure. L'individu peut choisir la forme de sa coiffure et la couleur de son pantalon. L'individu peut vivre, toutes réserves faites pour les conséquences des maladies et des médecins... L'individu est un sauvage, un être primitif, qui remue individuellement et qui en profite pour faire des bêtises individuelles.

Le militaire est un être aggloméré, grégaire, perfectionné au point d'être mécanique. Il ne peut marcher que si un caporal crie : « Une ! deusse ! » Il ne peut s'arrêter que sur un commandement, faute de quoi il marcherait jusqu'à sa mort; il ne peut s'asseoir sans permission, il ne peut se moucher dans les rangs sans punition. Quatre mille anciens individus, précédés d'un colonel, forment une « unité »; ce qui nous aide à comprendre le mystère de la Sainte Trinité, qui est une unité en trois personnes seulement.

L'individu fait des sottises individuelles, dont il se mord individuellement les doigts et qui conduisent quelquefois devant la justice.

Les anciens individus, militairement unifiés, ne font que des sottises collectives. De grandes et glorieuses sottises, en vérité, qu'aucune justice ne peut atteindre et dont aucun individu ne saurait être rendu responsable. C'est une grande consolation pour ceux qui restent, quand la glorieuse sottise a réduit de 4.000 à 400 l'effectif de l'unité.

Je suppose que voilà des raisons suffisantes de fierté pour les « jeunes gens » qui, aptes au métier militaire, vont se trouver pendant dix-huit mois exempts de la tare individuelle et dispensés de toute décision personnelle relative à la forme de leur coiffure, à la coupe de leurs cheveux et à la couleur de leur pantalon.

PIOUPIOU !

Je me rappelle que, pendant la guerre, me trouvant un jour dans le métro avec Didi, je fus très surpris d'entendre mon fils commencer par ces mots une histoire qui se passait dans l'avenir : « Quand je serai soldat... »

Je fus très surpris parce que, en face de nous, se trouvaient assis deux pauvres types qui valaient bien une leçon de choses; ils avaient à eux deux trois bras, trois jambes, trois yeux... et le plus abîmé montrait un mufle qui n'avait rien d'humain.

Mais Didi ne les voyait pas. Il regardait plus loin. Il regardait une affiche, une immense affiche collée sur le mur de la station.

Au premier plan on voyait un beau petit soldat, avec une belle petite moustache frisée, un beau petit

soldat frais, rose et propre que ç'en était une dé-
goûtation, et qui mangeait un petit gâteau sec avec
un air de satisfaction surhumaine. Au deuxième plan
on voyait deux beaux petits soldats qui ressem-
blaient au premier comme des frères et qui, assis
sur l'herbe fleurie, mangeaient chacun un petit gâteau sec. Au troisième plan, on voyait un joli petit
officier qui d'une main portait à sa bouche un petit
gâteau sec et de l'autre main offrait un petit gâteau
sec (un autre) à un beau général monté sur son
cheval. Dans le lointain, des tentes où, sans aucun
doute, des militaires étaient affectés à la consommation des petits gâteaux secs; et en l'air un diri-
geable où des aéronautes mangeaient probablement
des petits gâteaux secs, conformément à la récente
circulaire du G.Q.G. et pour varier les amusements
que notre folklore national attribue à M. Dupan-
loup.

Le texte de l'affiche ne laissait ignorer à personne que le petit gâteau sec s'appelait le « Pioupiou ». Le « Pioupiou », c'est le surnom le plus
absurde dont les amateurs de retraites militaires
aient jamais ridiculisé nos malheureux soldats.

Et je compris alors l'idée que Didi se faisait du
métier militaire. Le métier militaire, ça consistait,
pour Didi, à communier avec des capitaines, des
généraux et des aviateurs, sous les espèces du petit
gâteau sec qu'on appelle le « Pioupiou ».

La guerre est finie depuis un bout de temps...
Sur les quais du métro, on voit toujours la grotesque affiche qui, si elle ne décide pas les soldats
à se nourrir de petits gâteaux secs, décide tout au
moins les petits garçons à devenir soldats.

Pour les grands garçons de quinze ans, le métier
militaire, c'est l'amour, le vin, la gloire et le tabac.

Les grands garçons de quinze ans sont aussi bêtes que les petits garçons de cinq ans.

Si c'est le service de recrutement qui a fait apposer sur les quais du métro, pour bourrer le crâne des gosses, l'affiche du biscuit « Pioupiou », il se doit d'afficher, comme réplique, une autre œuvre d'art destinée à bourrer le crâne des jeunes gens d'âge tangent aux classes mobilisables. Cette affiche représenterait, au premier plan le « pioupiou » assis sous la verte tonnelle et tendant son verre à Madelon; au deuxième rang, d'autres pioupious épars parmi les bouteilles de champagne et les cigares bagués; au troisième plan, des automobiles pleines de brillants officiers et de poules également baguées.

Mais si ce n'est pas le service de recrutement qui a fait apposer les affiches « Pioupiou », on se demande comment l'autorité militaire n'a pas encore poursuivi les afficheurs pour insultes à l'armée...

UN VIEUX CAMARADE.

Polin me contait, hier, ses souvenirs de guerre. Polin...

Vous rappelez-vous le temps béni où le soldat n'était pas méchant ? Le héros d'aujourd'hui était alors un petit enfant, qui soufflait dans sa trompette et crevait son tambour sans avoir le pressentiment de sa gloire future et de son obscure martyre... Le tourlourou ne faisait pas prévoir le poilu. Le tourlourou s'appelait Pitou, Laripette ou Dumanet; pantalonné de rouge, boudiné dans une petite veste ridicule, surmonté d'un pompon rouge, jaune ou vert, le tourlourou, le dimanche, tournait gravement autour du kiosque à musique ou faisait la cour **aux nounous**. En semaine, il balayait la cour, astiquait son fourbi, épluchait les patates et attendait que ça se tire. Personne ne lui disait qu'il était admirable; son caporal ne lui envoyait pas dire qu'il était un peu gourde; mais les civils le trouvaient généralement sympathique et rigolo.

Pendant vingt ans, Polin a incarné le tourlourou et le génie de sa naïveté malicieuse. Lorsque Polin paraissait, la bouche largement ouverte par le bon sourire des êtres simples et jouant de son mouchoir à carreaux comme une coquette joue de son éventail, il soulevait une joie attendrie, faite pour les femmes comme pour les hommes de souvenirs qui n'avaient rien d'amer (je vous l'ai dit, le soldat était alors un être vivant, qui ne pensait pas à tuer et qu'on ne pensait pas encore à faire tuer). Et Polin chantait les joies et les servitudes de la caserne, les lettres de la payse et les idylles innocentes sur le banc du square.

Or le tourlourou fut le premier soldat tué par la guerre, car le tourlourou était le soldat de la paix. Plus exactement, on le porta disparu, car il n'est enterré nulle part... Mais, lorsqu'on élèvera des monuments commémoratifs de la paix, il faudra dresser une statue au Tourlourou Inconnu, avec son pantalon rouge, son petit veston ridicule, son pompon; et, sur le socle, une nounou qui, à votre choix, représentera la grosse Julie ou symbolisera l'agriculture.

Or Polin, ayant beaucoup chanté, s'était retiré dans une propriété qu'il possède sur les bords de l'Oise, commune de La Frette.

Au mois de septembre 1914, le maire du patelin annonça au grand artiste qu'il aurait à loger quarante soldats.

— Des camarades, répondit le tourlourou... Ça va.

Les quarante soldats arrivèrent et Polin ne les reconnut pas. Ils ne parlaient pas sa langue; ils étaient mornes ou fébriles; c'étaient des soldats de la guerre.

Les quarante camarades partirent et personne ne les vit plus jamais. Ils furent remplacés par quarante autres soldats et toujours comme ça jusqu'à la fin de la guerre et la fin des soldats. La garnison de Polin vit ainsi défiler des fantassins, des cavaliers, des artilleurs et des nègres, de plus en plus mornes, de plus en plus fébriles, de plus en plus dessalés... « Eh ben, mon colon, disait Polin à son pompon lorsqu'il tirait son uniforme du camphre, tu parles que le militaire il est dessalé à présent... Peut-être que la guerre elle sert tout de même à quelque chose... J'aurais pas cru. » Ainsi parlait Polin qui, en vingt-cinq ans de services, n'a pas su décrocher les galons de caporal.

Mais tout vient, avec de la patience. Ces jours derniers, quatre ans exactement après l'armistice, Polin fut avisé qu'il allait toucher une indemnité du gouvernement, pour avoir logé quarante soldats pendant toute la durée de la guerre.

— Bon Dieu !... Tu parles d'une noce ! dit Polin à son pompon.

Solennellement, le garde-champêtre vint lui apporter le montant de l'indemnité. L'indemnité se montait à 8 francs 15, ce qui est une somme... Ça représente 163 jours de prêt pour Pitou, Dumanet ou Laripette.

Joyeux, Polin voulut chanter au garde-champêtre une de ses anciennes chansons. C'est alors qu'il s'aperçut du terrible dommage qu'il avait subi... A force d'entendre chanter jour et nuit quarante soldats de la guerre, Polin avait oublié tout son répertoire, mais il avait appris la *Madelon de la Victoire.*

Il m'a promis (en présence de Courteline) de reprendre ses jolies chansons d'autrefois où il n'était pas question de Joffre ni de Clemenceau, ni de massacres, ni de mort soudaine et par conséquent glorieuse.

Et ce sera un beau soir que le soir où sur le plateau d'un music-hall, entre deux défilés de femmes nues, nous verrons revivre le délicieux tourlourou de la paix, riant de son bon rire naïf et jouant de son mouchoir à carreaux comme une coquette joue de son éventail.

MÉTHODE EXPÉRIMENTALE.

Le capitaine dit au sergent :

— Vous me choisirez un homme intelligent... Vous me choisirez le plus intelligent de vos hommes...

Il s'agissait de nommer un brosseur ou un secrétaire, ou un de ces dignitaires dont les autres disent : « Il a le filon. »

Le sergent demeura perplexe... Autant il est aisé, entre militaires de grades différents, d'attribuer à chacun son degré exact d'intelligence, qui est proportionnel à la valeur et au nombre de galons, autant il est malaisé de démêler, entre soldats de deuxième classe, qui peut avoir la plus forte somme d'intelligence décemment permise à un simple soldat.

Le sergent, sans avoir jamais lu M. Taine, s'en rapporta à la théorie « phénoméniste » et à la méthode expérimentale. Il fit exécuter à ses hommes diverses corvées; il les observa pendant qu'ils balayaient la chambre, pendant qu'ils fourbissaient leurs armes, pendant qu'ils construisaient des lits bien carrés; il leur fit réciter la théorie sur les marques extérieures de respect... Et puis, il resta aussi perplexe qu'auparavant... Aucune intelligence supérieure ne s'était révélée au cours de ces épreuves.

— Suis-je bête ! s'écria soudain le sergent.

Et il désigna au capitaine, comme le plus intelligent de sa section, un loustic qui avait trouvé le moyen de couper à toutes les corvées, de se défiler pendant le balayage, l'astiquage et l'audition de la théorie.

Ce critérium de l'intelligence militaire est excellent : il s'applique aussi à l'intelligence civile. Le cerveau, dans les deux espèces, offre des ressemblances assez accentuées.

Ne croyez pas que l'intelligence se trouve chez les intellectuels. Il n'y a rien de plus bête qu'un artiste, si ce n'est un homme d'esprit professionnel; il n'y a personne qui montre autant d'aptitudes à se laisser jobarder dans les affaires d'argent et entôler dans les affaires d'amour. Voyez l'air d'indulgence et de pitié protectrice que prennent les hommes d'affaires, les hommes d'argent, vis-à-vis de ces amuseurs. De même les savants, spécialisés dans une branche d'activité très restreinte, ont un air abruti et une allure distraite qui ne leur permettent pas de se défendre dans la vie.

Car l'intelligence, par définition, consiste à comprendre le but de la vie, le chemin du bonheur. Le but de la vie, c'est peut-être de gagner énormément d'argent; le bonheur consiste sans doute à ne rien faire et certainement à ne pas s'en faire.

C'est pourquoi, en vérité, l'homme intelligent se reconnaît à ce qu'il coupe à la corvée, à ce qu'il se défile à l'heure de l'astiquage, à ce qu'il laisse aux autres le soin de balayer la carrée.

APPLICATION CIVILE DU SYSTÈME D

On arrêtait, l'autre jour, pour un banal délit de vol à l'étalage, un jeune homme qui fut par surcroît reconnu coupable de port illégal de décorations.

— Lorsqu'on vous a arrêté, dit le président à l'audience, vous portiez à la boutonnière de votre pardessus le ruban de la Légion d'honneur ?

— Ce n'est pas moi qui l'avait mis là, répondit le prévenu... Le ruban se trouvait après le pardessus...

— Et le pardessus ?

— Le pardessus se trouvait accroché à un porte-manteau dans un restaurant où je prenais mes repas.

— Et vous l'avez décroché ?

— Oui, mon président.

— Vous saviez pourtant bien qu'il n'était pas à vous ?

— J'avais besoin d'un pardessus, et je n'avais pas les moyens de m'en payer un. Les tailleurs sont si voleurs...

— Hum !... Je vois que vous avez à la boutonnière de votre veston le ruban de la croix de guerre... Où avez-vous décroché ce veston ?

— Nulle part; il est à moi. Et le ruban aussi: je l'ai décroché à la guerre...

— Ainsi vous avez été soldat... Vous allez bientôt nous dire que c'est à l'armée, à l'école de l'honneur que vous avez appris à prendre ce qui ne vous appartient pas ?

— Oui, mon président...

Le président eut un sursaut d'indignation.

— Je vais vous expliquer...

Mais l'avocat, se penchant vers son client, lui fit remarquer qu'il allait se mettre dans un plus mauvais cas et coupa court à toute tentative d'explication. Puis il se mit lui-même à bavarder et à solliciter l'indulgence du tribunal en faveur de l'ancien héros qui avait eu une minute d'égarement, et il termina en promettant (au nom de son client) de ne plus jamais recommencer.

L'inculpé, si son avocat l'avait laissé parler, aurait dit des choses intéressantes.

Il aurait exposé au tribunal l'économie du système D, qui est d'origine militaire, mais qui s'adapte parfaitement aux nécessités de la vie civile.

Le régiment est l'école de l'honneur; mais il est aussi l'école des débrouillards.

Il manque à un soldat une musette, un pantalon, une brosse, un balai, une pièce de cette collection précieuse toujours incomplète et qu'il faut néanmoins présenter complète à toute réquisition.

Passe un gradé.

— Débrouillez-vous, dit le gradé à l'homme. Si dans dix minutes, vous n'avez pas votre balai, votre musette, votre pantalon...

L'homme doit se débrouiller. Ce n'est pas un conseil; c'est un ordre, c'est une menace. Dix minutes plus tard, il a ce qui lui manquait; mais il manque quelque chose chez le voisin, qui se débrouillera à son tour.

Le soldat s'aperçoit vite que le système D peut s'appliquer aux paquets de tabac comme aux objets d'équipement réglementaire.

Et certains esprits simples, mais logiques, une fois rentrés dans le droit commun appliquent ce principe militaire à la vie civile et aux pardessus qui traînent dans les restaurants. Il faut ce qu'il faut: on se débrouille.

Le général d'Amade montra pendant la guerre un sens très averti de la psychologie et de la justice lorsqu'il supprima le vol dans la région du Mans, où il commandait. En effet, il décida de punir, non pas le voleur, qui est malaisément saisissable, mais le volé, qui vient se dénoncer lui-même en portant plainte. A partir de cette décision, il n'y eut plus une seule plainte pour vol dans la région que commandait le général d'Amade, et ce moraliste se trouva à la tête d'une classe exceptionnellement brillante à l'école de l'honneur et de la vertu.

Ne vous disais-je pas l'autre jour qu'il n'y a aucune différence entre le militarisme et le bolchevisme ? Je vous montrais que, dans l'une comme dans l'autre de ces formes d'organisation sociale, règnent la discipline étroite, l'esprit de soumission qui fait les fonctionnaires et les héros, et l'insouciance de l'individu quant à ses besoins immédiats ou éloignés, dont le soin est assuré par la collectivité.

Je viens de vous montrer que les militaires, comme les bolcheviks, regardent la propriété privée (quand c'est la propriété des autres) à la façon d'une propriété collective.

Et s'ils se contentaient de la regarder...

APPLICATION DU PRINCIPE D'ARCHIMÈDE.

On parlait de la guerre. On en parle quelquefois encore, au passé et au futur.

Un vieil officier de chasseurs, qui de son uniforme avait seulement conservé le monocle, nous surprit beaucoup en déclarant qu'il était parfaitement dégoûté de la guerre. Mais il s'expliqua : il n'était pas dégoûté de la guerre pour ça, ni encore pour ça, ni à cause du bruit, ni à cause du sang, ni à cause du chambardement des choses, ni à cause de la destruction des hommes (le mot « hommes » étant pris dans le sens strictement militaire). Il était dégoûté à cause d'un souvenir personnel qu'il nous exposa et qui nous parut en réalité assez dégoûtant.

Au mois de mars 1918, il y avait quelque part dans le secteur de Verdun une baraque en planches divisée en deux parties par une cloison. D'un côté, des poilus étaient cantonnés. De l'autre, se trouvait un gigantesque tonneau de vin, un tonneau des Danaïdes que l'intendance emplissait par en haut (il était planté debout et démuni du couvercle supérieur) et que vidaient, par en bas, les popotes et les coopératives.

Vous pensez bien que les poilus, fort honorés de ce voisinage, trouvèrent vite le truc de déclouer quelques planches au sommet de la cloison; et, perchés sur des échafaudages provisoires, se penchant sur l'inépuisable tonneau, ils prirent l'habitude de remplir leurs quarts suivant les besoins du jour, et leurs bidons en prévision de la soif du lendemain.

Un jour, un des locataires de la baraque partit en permission. A l'expiration du délai, il ne revint pas; on l'attendit; puis on le porta déserteur... Ses camarades furent étonnés, car la vie était devenue belle et il était impossible de rêver un cantonnement plus agréable.

Quinze jours se passèrent... Un matin, un poilu monta à la cave, son bidon à la main. Il écarta soigneusement la planche déclouée, passa la tête avec précaution et poussa un cri d'étonnement.

Il avait vu le permissionnaire dans le tonneau.

Évidemment le pauvre type, avant de partir en permission, avait eu l'idée de se ravitailler; il avait perdu l'équilibre, il était tombé et avait eu le sort du duc de Clarence... Son corps était remonté à la surface, suivant l'habitude qu'ont les noyés quelques jours après leur immersion: a moins que le corps n'eût été mis à jour par la baisse du liquide dans le tonneau.

Ayant fait cette découverte, le camarade se trouva en face d'un embarrassant cas de conscience, qui se présentait sous forme d'un dilemme :

Ou bien prévenir les autorités supérieures, et se résigner à passer en conseil de guerre pour vol de vin commis au préjudice du Ravitaillement ;

Ou bien ne prévenir personne, et laisser le corps du poilu dans une sépulture indigne.

Les dilemmes ont ceci de bon, qu'on peut toujours en sortir par un troisième chemin.

Le soldat descendit après avoir replacé la planche, sur la face externe de laquelle il avait écrit, à la craie, ces mots : « *Il y a un bonhomme dans le pinard.* » Et, ce jour-là, il but de l'eau.

Le garde-magasin lut l'inscription et trouva effectivement le bonhomme dans le pinard...

— C'est moi qui ai fait les constatations, conclut le vieil officier... J'en ai été d'autant plus vivement impressionné que la popote où je prenais mes repas tirait son vin de ce tonneau... Depuis ce jour, j'ai été complètement dégoûté du vin et de la guerre.

Je fis observer à l'officier que, pour apprécier les choses les meilleures et les plus détestables, il fallait les avoir goûtées soi-même. Mais il ne comprit pas l'enseignement philosophique que comporte cette adaptation de la *Pipe de Cidre* et que je vois du point de vue suivant :

Regardez-moi tous ces types exaltés, belliqueux, frénétiques, qui lèvent leur verre à la gloire passée et portent des toasts à des massacres futurs... Ne croyez-vous pas que ces hallucinés comprendraient enfin le goût atroce de la mort si un sommelier macabre avait eu l'idée de faire mariner un macchabée dans leur champagne ?

Nous obtiendrions peut-être des guérisons par l'application de cette méthode homéopathique, combinée avec le principe d'Archimède.

L'ÉCOLE DES ÉLECTEURS.

Je crois vous avoir déjà parlé de certaines enquêtes sur le poilu d'après-guerre. Que sera le soldat lorsqu'il ne sera plus soldat ? Aimera-t-il le repos ? ou quelles distractions ? Se laissera-t-il embêter par sa femme et rançonner par le mercanti ? Portant haut la tête, conservera-t-il la conscience de sa valeur morale accrue par la guerre ?

Or, on n'a pas songé encore à se demander ce que le poilu donnerait comme électeur; si sa conscience de citoyen deviendrait clairvoyante; si les politiciens l'auraient au boniment, comme autrefois, avec aisance et facilité... Or, il y va, messieurs, des destinées du pays. Il ne s'établira pas tout de suite, entre les gendarmes et les anciens poilus, un courant de sympathie assez fort pour assurer le fonctionnement régulier de la vieille machine et réaliser cette harmonie sociale dont nous entretient l'évangile fouriériste... Vous avez appris aux poilus comment on se sert des armes; ils ont pris l'habitude de vaincre... Alors, il faut huiler les ressorts. Etes-vous sûrs, messieurs, d'avoir les électeurs au boniment ?

Les poilus, depuis quatre ans, ont encaissé plus de bobards qu'il n'y en a dans l'Ancien Testament et dans l'Histoire de M. Michelet. C'est pourquoi ils manifestent extérieurement un scepticisme digne de M. de Voltaire. Couperont-ils dans les professions de foi électorales et dans les déclarations ministérielles ? Exigeront-ils la réalisation des promesses que vous leur aurez faites ? S'apercevront-ils enfin que la poule au pot promise par le roi Henri n'est pas encore dans leur marmite ? Garderont-ils l'habitude de marcher au pas et la volonté de ne pas chercher à comprendre ?

Je peux vous conter une petite histoire assez rassurante.

Le train allait partir. Un poilu voulut monter dans un compartiment de première classe. Le contrôleur l'en empêcha. Alors, le poilu, dressé sur le marchepied, parla en ces termes :

— Alors, c'est pour rien que j'ai été me faire casser la g..... là-bas ? Alors, tu crois comme ça que je vais me caler le derrière sus des noyaux de pêches pendant que des salauds que je connais seulement pas vont se les rouler sus du moelleux et du rembourré ? Tu m'as pas regardé... Je vais y monter en premières... Tu vas voir si j'y monte pas, en premières !

Ainsi parla le poilu. Puis, ayant ainsi parlé, il monta dans un wagon de troisième classe.

N'ayez pas peur, messieurs... Après la guerre, les électeurs diront encore qu'ils veulent monter en premières; ils le disaient déjà avant la guerre.

Mais vous savez ce que valent les bobards, puisque vous en vendez.

A LA MANIÈRE D'EDMOND ABOUT.

Voici le sujet d'une composition française qui fut donnée récemment aux élèves de 4ᵉ B du lycée Lakanal :

LE SOLDAT QUI A DORMI CENT ANS

1. *Vous imaginerez qu'en cherchant à débarrasser des obus qui l'encombrent la région de Craonne nos sapeurs du génie déterrent en 1919 ou en 1920 un soldat de Napoléon qui, enseveli par une bombe au cours de la bataille de 1814, est resté en léthargie depuis lors.*

2. *Après avoir décrit très brièvement son réveil, vous peindrez son étonnement devant cette dévastation, devant quelques-unes des machines qu'il voit, et aussi les victoires de ses descendants.*

3. *L'explosion d'un obus à gaz asphyxiant le fait périr définitivement.*

Ce sujet de narration, dès l'abord, ne semble pas absolument neuf; car il fut traité par Edmond About, qui mourut « définitivement » pour le plus grand dommage des lettres françaises. Il faut remarquer, cependant, que l'homme à l'oreille cassée était un officier supérieur et que cet anachronisme galonné, ayant voulu recommencer dans les armes et dans l'amour une carrière momentanément interrompue par un traumatisme du genre héroïque, démontra par ses déceptions la relativité du temps et la nécessité pour chaque homme de vivre à son époque (ou plutôt d'y mourir).

Or le professeur de 4ᵉ B a ressuscité un simple soldat; le simple soldat est toujours identique à lui-même depuis vingt mille ans qu'il y a des hommes et qui se battent. La carrière d'un simple soldat consiste à se faire tuer, et plutôt deux fois qu'une. C'est ce qu'a fort bien compris le professeur de 4ᵉ B, car son grognard ne se réveille qu'un instant (décrire brièvement le réveil) pour grogner contre ces sacrés tonnerres de Dieu qui l'empêchent encore de dormir; il grogne encore un peu contre le gouvernement qui a transporté sous l'Arc de Triompe un blanc-bec, un conscrit de 1914, au lieu de choisir le vieux soldat qui se trouvait là et qui avait bien mérité de la gloire à l'ancienneté (ce n'est pas le petit Tondu qui aurait fait une chose pareille!); puis il fait tout son devoir en se rendormant définitivement.

Le sujet donne encore matière à d'ingénieux développements sur cette double considération : 1° les soldats avaient vraiment la vie dure sous Napoléon Iᵉʳ; 2° mais, à notre époque, les projectiles sont de qualité très supérieure, car un homme que les explosifs de 1814 n'ont pu tuer que provisoirement est définitivement éteint par l'obus asphyxiant de 1914.

La conclusion est très flatteuse pour les fils de marchands d'obus qui peuvent faire leurs études au lycée Lakanal. Et il est ainsi prouvé que le dernier mot reste toujours au progrès.

Mais peut-être le professeur de 4ᵉ B eût-il pu

dépasser Edmond About en faisant preuve d'imagination personnelle.

Que diriez-vous d'un dissertation en forme de scie circulaire sous le titre suivant : « *Plus ça change* » ou « *La dernière dernière-guerre* » ?

Un poilu de Clovis, ayant combattu lors de la dernière guerre du droit et de la justice, se couche dans les Champs Catalauniques en s'écriant : « Je meurs content. La guerre est tuée et mes enfants auront la sainte tranquillité du Bon Dieu. » Puis il tombe en léthargie... Il se réveille un bout de temps après et assiste au passage des premières troupes envoyées en Orient, parce que « Dieu le veult », contre le premier des sultans. « Ça n'est pas fini », constate le poilu que piétine la cavalerie bardée de fer... Il se rendort et est réveillé par les canons de la guerre de Cent Ans : « De mon temps, on ne faisait pas tant de boucan pour se battre. Ça ne va pas mieux. Bonsoir ! »... Il rouvre un œil sur le XVIe siècle : « Allons, bon ! Ce n'est plus contre les Anglais qu'on se bat maintenant, c'est contre les Espagnols »... Le sol tremble sous le passage de la Grande Armée : « C'est contre tout le monde. Ça va bien mal, mais c'est la fin, car après ce coup-là il n'y aura plus personne. Heureux ceux qui vont mourir cette fois, car ils assureront le triomphe du droit et de la justice. »

On peut imaginer une nouvelle crise d'insomnie en 1870, avant celle de 1914.

Mais on ne doit jamais se vanter d'avoir assisté à la dernière-guerre, car il ne faut décourager personne.

C'est pourquoi je classerais première la copie du jeune élève qui aurait imaginé de ressusciter une dernière fois, en 2014, l'immortel poilu de Clovis, à l'occasion du grand combat que les généraux chinois Hang-Tchou-Li et Tse-Pi-Tiang ne manqueront pas de se livrer dans les Champs Catalauniques, après avoir défait l'armée rouge du maréchal Poinkaroff, et pour décider qui des deux prendra le titre de gouverneur général du Pé-Hi-Bre-Ton.

LES VRAIS RESPONSABLES

Ce n'est pas le médecin ; c'est le malade.

Ce n'est pas le tyran ; c'est l'opprimé.

Ce n'est pas le général ; c'est le troufion de deuxième classe.

On nous embête en voulant toujours nous apitoyer sur les victimes ; les victimes choisissent leur bourreau et le vont chercher. Jamais on ne flétrira assez la passivité et la résignation de la victime, et sa complaisance qui est de la complicité. Car les victimes représentent le nombre et la force.

Vous choisissez votre médecin ; c'est vous qui l'appelez. Il vous est aisé de voir que vous avez affaire à un savant imbécile, truffé de formules, bardé de théories comme un oison doctoral, et qui vous zigouillera par principes ; ou bien au contraire à un homme intelligent, affranchi de la science médicale, qui vous empêchera de mourir ou du moins ne mettra pas obstacle à votre guérison.

Voici le moyen, pour le malade, de poser un diagnostic sur son médecin : cinq minutes de conversation sur un sujet qui ne soit pas médical. Agiter avant de s'en servir... Si vous constatez que le docteur est un docteur, et rien de mieux, vous lui déclarez que vous vous portez très bien et vous exprimez vos regrets de l'avoir dérangé... Si vous trouvez un homme, vous l'autorisez à vous ausculter, et vous pouvez même, après une période d'observation, vous risquer à prendre les drogues qu'il vous prescrit.

Vous choisissez votre tyran : c'est vous qui l'avez élu, ou du moins c'est vous qui lui avez permis de se poser là. Si ce n'est pas un bon tyran, quel préjugé imbécile, quelle veulerie traditionnelle vous obligent à le supporter plus longtemps ?

Quant à l'esprit militaire, qui est la pire cause d'oppression et le plus incurable des maux endémiques, il est injuste de le localiser chez les seuls généraux. Les généraux ne sont pas très nombreux, au regard de l'armée ; ainsi le mal serait fort limité... Il faut aller plus loin ; ce n'est pas le galon qui fixe la limite de l'esprit militaire.

Le militaire galonné n'est pas à proprement parler le soldat. C'est le chef, dans toute l'ineptie du terme et dans toute sa valeur mécanique. Obéir et commander, c'est pour le chef la raison d'être et la règle du jeu.

Vous retrouvez le chef, intact, dans les bureaux de nos ministères et de nos administrations. Vous retrouvez le chef, en parfait état de conservation, derrière le guichet de votre bureau de poste, et sous le képi de l'agent, et sous la casquette du contrôleur d'autobus... Le chef sans galons, que vous avez connu au régiment sous les espèces du cuistot, du garde-mites et de l'infirmier. Ce qui fait le chef, c'est l'insolence, l'inaptitude à la réflexion et le refus obstiné à la discussion...

M. Poincaré est vraiment un chef. Il en est fier. Ceux qui comprennent se refusent à commander : ils enseignent.

Mais le militaire, le militaire **dont nous crevons**, le militaire générateur de l'esprit militaire, qui met les peuples sur la paille ?... Ce n'est pas le général.

Je dénonce la victime. Le militaire malfaisant, c'est l'incorrigible troufion de deuxième classe, qui se courbe à la caserne, tout le long du jour, et se redresse en ville en faisant sonner ses éperons ; celui qui essaie le prestige de sa livrée sur les bonnes d'enfant du square ; celui qui ne comprend pas l'imbécillité du geste accompli et la morne tristesse des années perdues ; celui qui gueule comme un veau triomphal le jour où on le déclare bon pour le service et se promène dans les rues de son patelin, pavoisé comme l'animal qui fut au concours avant d'aller à l'abattoir ; celui qui marche au pas en suivant la retraite du 14 juillet et qui, le soir, sera saoul comme une grive pour avoir confondu la fête de la liberté avec celle de l'armée... celui qui, une fois libéré du service, évoque avec une tendresse émue les plus humiliantes brimades, avec cette conclusion : « Bah ! On était jeune ; c'était le bon temps... » comme s'il n'y avait pas de meilleures façons de dépenser sa jeunesse.

Je dénonce les victimes, seules responsables des maux dont elles souffrent.

Les victimes : le malade, le contribuable, le soldat...

ON DÉSARME

Le général gouverneur de Paris, considérant que « les militaires sont trop souvent l'objet de plaintes pour vols, port d'armes prohibées et mauvaises fréquentations » vient, par une note, d'indiquer « les moyens de remédier à une situation dommageable au bon renom de l'armée ».

J'espère que le parquet ne va pas ouvrir contre le général gouverneur de Paris une instruction pour propagande antimilitariste.

Je connais des types qui sont devenus de fameux patriotes et qui ont été en prison (à une époque où l'armée était cependant bien moins susceptible) pour avoir pensé le quart de ce que dit le général gouverneur de Paris et pour avoir dit la dixième partie de ce qu'ils pensaient.

Ici même, je me suis fait une solide réputation de mauvais Français pour avoir défendu le bon renom de l'armée, comme le fait aujourd'hui le général gouverneur de Paris... Quand nous disons « l'armée », le général et moi, nous n'entendons pas faire de personnalité : qu'il s'agisse de l'armée française, de l'armée sarrasine, de l'armée patagonne ou de l'armée aragouine, c'est toujours la même machine glorieuse, agressive, muette et bruyante, aveugle de naissance et précise dans sa trajectoire, obéissante jusqu'au crime, nationale jusqu'au suicide.

J'aime les militaires quand je les vois tels qu'ils devraient être, c'est-à-dire à travers l'opérette : de brillants garçons à l'esprit joyeux, bon cœur et mauvais caractère, comprenant le vin, l'amour et le tabac. J'aime les militaires quand ils sont dans le kiosque à musique et qu'ils soufflent dans des trombones ; ou bien quand ils se promènent autour du kiosque, avec leurs énormes mains gantées de blanc au bout de leurs longs bras ballants, comme le prescrit la théorie. J'aime les militaires assis dans le square à côté des nounous, ou bien tendant leurs verres à Madelon sous la verte tonnelle.

Mais je partage l'avis du général gouverneur de Paris ; je n'aime plus du tout les militaires quand ils sont porteurs d'armes prohibées. Le général a grandement raison d'ordonner qu'on fasse des perquisitions dans les paquetages et les chambrées ; je suis certain qu'on y trouvera des outils piquants, perforants et explosifs. Il ne faut jamais laisser les enfants jouer avec des armes blanches ou à feu, parce qu'ils ont forcément l'idée de s'en servir ; et alors nos embêtements ne font que commencer.

Le général gouverneur a encore raison quand il parle des mauvaises fréquentations auxquelles sont exposés les militaires. Les militaires sont exposés dans les casernes à se trouver en face de gens bien mal élevés.

J'ai vu jusqu'à douze jeunes gens, corrects et silencieux, alignés devant un personnage mal embouché qui les traitait d'andouilles, de bande de vaches, et qui mettait gratuitement en doute la vertu de leurs mères. Ce grossier individu était le seul qui avait la parole.

Quant aux vols, il semble que le général gouverneur emploie là un bien gros mot. Dans le civil, un vol s'appelle une affaire ; dans le militaire, ça s'appelle une application du système D s'il s'agit d'objets mobiliers ; s'il s'agit d'immeubles, ça s'appelle « faire de l'occupation ».

Puisque le général gouverneur de Paris veut civiliser l'armée, il n'y a qu'un moyen de réaliser son beau projet : c'est de renvoyer honteusement dans ses foyers tout militaire qui sera trouvé porteur d'armes prohibées, ou aligné devant un personnage dont la fréquentation n'est pas recommandable pour un garçon bien élevé, ou installé comme chez lui dans un patelin qui n'est pas le sien. Après quoi, on transformera les casernes en dancings ou en séminaires.

Et, pour peu que les choses se passent de la même façon en Allemagne, nous en aurons fini avec les discussions oiseuses et parlementaires sur le désarmement général, en attendant la guerre pour le printemps.

A LA MANIÈRE DE M. TAINE

Je commence par indiquer mes sources, faute de quoi vous m'accuseriez encore de vous conter des blagues dans le but de ridiculiser les choses les plus respectables.

Allez chez l'éditeur Masson. Demandez la revue l'*Anthropologie*, tome XXIX, n°ˢ 3-4 (juillet 1919). Ouvrez. Vous trouverez là-dedans un article de M. André Constantin, chef d'escadron, intitulé : « *Contribution à l'étude des corrélations physiques et psycho-sociologiques de la circonférence céphalique.* »

Lisez et tenez-vous bien. L'erreur de M. Taine est rectifiée par M. Constantin, chef d'escadron. M. Taine a écrit un livre sur l'intelligence ; il a été chercher les matériaux de ses théories chez les historiens et les philosophes. Il aurait dû, comme fit M. Constantin, officier supérieur, se fournir d'arguments chez le chapelier.

Car le commandant Constantin, ayant servi pendant la guerre dans la chapellerie et ayant fait campagne chez divers chapeliers de Saumur et de Fontainebleau, a mesuré à un millimètre près, suivant la formule 2 pR, la circonférence des képis des officiers appartenant aux diverses armes.

Ainsi il a pu démontrer scientifiquement :

1° Que les artilleurs sont plus intelligents que les fantassins et les cavaliers ;

2° Que les officiers sortant de Saint-Cyr et surtout de Polytechnique ont le cerveau plus développé que les officiers issus de Versailles et de Saint-Maixent.

De ces vérités considérées comme prémisses vous pouvez hardiment tirer deux autres conclusions :

3° Constantin est artilleur et polytechnicien ;

4° Le volume de son propre képi équivaut au décalitre.

Certes, c'est une bien curieuse découverte que celle qui fait du képi une mesure de capacité... Le képi sert à mesurer l'intelligence comme le pied sert à mesurer les distances, comme la longueur des cheveux est, en quelque sorte, le baromètre de la discipline. Voilà qui est précis, réglementaire, militaire, sans aucune place pour l'arbitraire qui naît des évaluations personnelles.

Il est regrettable que le commandant Constantin n'ait pas poussé ses études jusque chez les chapeliers de Lyon sur les futurs médecins-majors et à Vincennes sur les futurs officiers d'administration.

Mais sa découverte permettra d'épargner aux familles les émotions des examens, et aux jeunes gens la fatigue des études préparatoires aux concours. A quoi bon les concours d'entrée à Saint-Cyr, à Polytechnique et à l'Ecole de Guerre ? Il suffira aux candidats de passer chez le chapeliermajor qui, chargé des essais, les déclarera idoines ou inaptes et les répartira suivant leur circonférence céphalique dans l'artillerie, la cavalerie **ou** seulement l'infanterie (encore serait-il préférable, pour les fantassins, d'essayer plutôt des godillots ; et, pour les cavaliers, une culotte de cheval : car, suivant les corps les capacités ont pour siège un organe différent).

Remarquez aussi comme la découverte du commandant Constantin s'accorde avec le sens de la hiérarchie. L'intelligence d'un officier s'accroît à mesure qu'il monte en grade... Un tonnelier renforce ses tonneaux avec des cercles de fer, de crainte que le poids du liquide et sa fermentation ne fassent éclater le fût... Voilà pourquoi les chapeliers militaires renforcent d'un galon supplémentaire le képi de l'officier qui est promu à un grade supérieur, de crainte que le développement du cerveau, conséquence nécessaire de la promotion, ne fasse éclater le crâne du nouveau promu.

Et je vous fais observer, en terminant, que les mesures prises par le chef d'escadrons Constantin rehaussent singulièrement la valeur intellectuelle du veau, dont la circonférence céphalique est tout à fait remarquable parmi les animaux.

Mais le commandant Constantin n'a pu faire lui-même cette remarque, les veaux ne portant pas de képis.

DU CRITÉRIUM DE L'INTELLIGENCE

J'ai bien peur, hier, d'avoir oublié d'éclairer ma lanterne.

Je vous exposais, d'après les observations scientifiques de M. André Constantin, chef d'escadron, les « corrélations physiques et psycho-sociologiques de la circonférence céphalique », c'est-à-dire, en procédant du contenant au contenu, le rapport entre l'intelligence d'un militaire et le tour du képi dont il est coiffé.

Mais je négligeais de définir l'intelligence, faculté soumise aux appréciations les plus arbitraires ; car, à l'entrée de l'Ecole Polytechnique, les examinateurs la mesurent par la longueur du binôme de Newton ; et à la sortie, le commandant Constantin la mesure par la circonférence d'un képi.

L'intelligence, d'une façon générale, est l'aptitude à comprendre. C'est dire que, par exemple, l'intelligence d'un homme diffère complètement de l'intelligence d'une femme ; car les hommes et les femmes ne comprennent point les mêmes choses ni de la même façon. Une femme très intelligente ferait un homme fort médiocre au point de vue intellectuel. Et un homme supérieur ferait une femme d'une bêtise remarquable... Remarquez d'ailleurs que, la femme la plus bête dominant toujours l'homme le plus intelligent, le cerveau féminin, au point de vue de la finesse et de la pénétration psycho-sociologique, surclasse le cerveau masculin qui s'impose uniquement par la circonférence céphalique, c'est-à-dire par une qualité purement mathématique.

Vous pensez que, la semaine dernière, j'ai dit tout le contraire. Il n'y a pas de contradiction. Car certaines soumissions nécessaires procèdent de faiblesses physiques, sensuelles et sentimentales plutôt que d'une infériorité intellectuelle...

De même, il faut se garder de confondre l'intelligence civile et l'intelligence militaire.

L'intelligence militaire est la plus haute expression de l'intelligence.

La plus haute expression de la science, pour un savant, consiste à savoir qu'il ne sait rien. C'est une notion qu'on acquiert seulement après des années et des années de travail acharné.

Ainsi le plus haut degré de l'intelligence, pour un militaire, consiste à comprendre qu'il ne faut pas chercher à comprendre. C'est un état qu'un sujet supérieurement doué peut acquérir au bout d'une heure passée dans une cour de caserne.

Il est dangereux de concevoir des idées personnelles. Il est imprudent de s'assimiler les idées des autres. L'idéal de l'intelligence, c'est une intelligence dépouillée d'idées et soumise à une métaphysique mécanique qui est celle de la création. Si vous réfléchissez un peu, vous admettrez que l'intelligence militaire est de même essence que l'intelligence divine. Dans le képi de l'officier supérieur vous trouvez ce qui fut la pensée du Créateur : la théorie. C'est-à-dire : les marques extérieures de respect dues par les inférieurs au supérieur ; les manœuvres bien réglées des êtres et des astres, le lever du soleil et l'extinction des feux, les mouvements d'ensemble exécutés par les humains, les punitions injustes infligées par une force supérieure et contre lesquelles ne vaut aucune réclamation.

Mais l'intelligence divine fut de tout temps. L'intelligence militaire s'acquiert.

Un sapeur du 8ᵉ génie, à Tours, me communique un passage du dernier rapport :

CLAIRONS. — *Pour habituer les chevaux au bruit des clairons, la fanfare du régiment fera deux fois par semaine, et jusqu'à nouvel ordre, le tour des écuries de la caserne Ramies.*

Un cheval, quand il arrive au régiment, est aussi bête qu'un bleu.

Il sursaute lorsqu'il entend le clairon. Il se demande ce que ça veut dire et à quoi ça peut bien servir. Il trouve ce bruit ridicule et agaçant ; il proteste en envoyant ses sabots dans la figure de ses supérieurs hiérarchiques.

Mais, lorsqu'il a compris qu'il ne faut pas chercher à comprendre il accepte tout : l'éperon, le fouet, le clairon, le canon. Voilà un cheval qui est devenu intelligent.

Dans le civil, je trouverais plutôt intelligent un cheval qui ne permettrait à personne de lui monter sur le dos.

LA GUERRE ÉDUCATRICE

Une note réconfortante vient d'être portée à la connaissance des secrétaires d'état-major de la 20e section :

COURS D'ADULTES. — *Les militaires qui désirent suivre les cours d'adultes organisés à l'école municipale, 10, avenue de Lamotte-Picquet, tous les jours de 19 h. 1/2 à 20 h. 1/2, se feront inscrire, Ch. 68, au bureau du sergent Combay. Ces cours s'adressent aux illettrés et aux candidats au certificat d'études primaires.*

Depuis le début de la guerre, les civils accusaient les secrétaires d'état-major d'être assis là uniquement pour aggraver la crise du papier et provoquer des crises de paperasserie. Les poilus les traitaient de « scribouillards » et d'autres noms que je n'ose rapporter.

Apprenons à mieux apprécier la sagesse de l'administration militaire.

L'administration militaire, lorsqu'elle est appelée à tirer parti d'un nouveau lot d'incorporés ou de récupérés, les partage en deux grandes catégories :

1° Ceux qui savent déjà écrire. — On les met dans des cours de caserne pour compléter leur éducation, c'est-à-dire pour apprendre à marcher, à saluer, à chanter *Madelon* et à jouer à saute-mouton ;

2° Ceux qui sont complètement illettrés. — On les installe devant un bureau (appelé secrétaire d'état-major) pour qu'ils apprennent à écrire.

Ils recopient du soir au matin de belles pages d'écriture qu'on distribue de Dunkerque à Nice et Brest à Bayonne pour montrer à nos marins et à nos soldats les bienfaits de l'instruction laïque, militaire, gratuite et obligatoire.

Il est seulement dommage que les textes qu'on donne à recopier aux jeunes élèves soient souvent inutiles, parfois saugrenus, toujours rédigés dans une langue barbare. Pourquoi ne pas choisir, de préférence, quelques morceaux de nos célèbres littérateurs en suivant une progression qui irait de M. Théodore Botrel à Pascal et de M. Mayol à Victor Hugo ?

Il n'en est pas moins certain que personne n'osera plus nier la valeur pédagogique de la guerre, à la fin de laquelle tous les notaires sauront tourner des obus, tous les secrétaires d'état-major sauront écrire, tous les généraux seront aptes à l'emploi d'académiciens, et tous les pachas idoines à la fabrication des chaussons de lisière.

SAVEZ-VOUS PLANTER LES CHOUX ?

Je vous jure que je n'invente rien.., D'ailleurs, vous avez pu lire comme moi, sous la rubrique « Nouvelles militaires », les deux avis officiels suivants :

Indmnité aux conférenciers des jardins potagers militaires

A partir du 1ᵉʳ août, les conférenciers des jardins potagers percevront une indemnité journalière de 50 centimes.

Bicyclettes à la disposition des conférenciers des jardins potagers

Une bicyclette, uniquement affectée aux besoins du service des jardins potagers sera mise à la disposition de chaque conférencier pour jardins militaires.

Ainsi la guerre, qui nous a déjà révélé tant d'aptitudes insoupçonnées, qui a créé tant de p ofessions inédites, produit aujourd'hui une nouvelle formation : la C. P. P. M. (conférenciers pour jardins potagers militaires). Et de cette nouvelle formation dépendra un nouveau service : la B.D.C. J.P. (bicyclettes à la disposition des conférenciers des jardins potagers).

Ainsi, les bureaux d'état-major, après un raid heureux dans le domaine artistique (où sont les peintres aux armées ?), après une glorieuse tentative dans le genre lyrique (l'opérette de propagande, d'après le dernier communiqué, poursuit dans le sud-ouest sa marche triomphale), prennent le pipeau champêtre et perfectionnent le genre bucolique et oratoire. Bouvard et Pécuchet sont mobilisés. On ne reprochera plus aux militaires de manquer de culture...

Qu'est-ce qui vient dans les jardins potagers militaires ? Il y vient peut-être des carottes, peut-être des navets, peut-être des radis... Mais il est certain qu'il y vient des conférenciers ; c'est officiel. Le conférencier, c'est une maladie qui sévit sur *la* légume comme sur le théâtre, sur l'art et sur la politique.

Où recrute-t-on les C. J. P. M. ? Pas parmi les mutilés ; car il est spécifié que les conférenciers seront montés à bicyclette (on spécifie même ce privilège étonnant : une bicyclette pour *chaque* conférencier).

Le C.J.M.P.M. devra être sobre et se nourrir avec 50 centimes par jour. Plus conférencier que potager, il vivra de beau langage et non de bonne soupe.

Le C. J. P. M. aura des galons ; d'abord pour être certain d'être écouté, quand il fera la théorie de la pomme de terre ; ensuite, parce que, tant plus on est gradé, tant plus on a de compétence quand on parle.

J'imagine que la conférence potagère sera agrémentée d'auditions...

Savez-vous planter les choux ? *vieille chanson.*

Ah ! les p'tits pois ! *poésie didactique par Dranem.*

Faut d' l'engrais ! *scène de la* Cagnotte, *par Ch. Lamy.*

Bah ! Qu'est-ce que ça fait ? Les conférenciers peuvent toujours causer ; ils n'empêcheront pas les légumes de pousser, même dans les potagers militaires.

ORDRE DU GÉNÉRAL CINCINNATUS

Le génie militaire (entendez par là le génie des militaires) défie la parodie et dépasse le vaudeville.

Voici qu'un ordre supérieur rétablit les conférences agricoles dans le gouvernement militaire de Paris. Il s'agit : 1° de venir en aide à l'agriculture, qui manque de bras ; 2° d'occuper les soldats, qui ne savent que faire des leurs et les laissent mélancoliquemnt tomber dans le rang lorsqu'ils ne les élèvent pas à la hauteur des marques extérieures de respect.

Par conséquent, des cours d'agriculture vont être faits aux troupiers dans les casernes de Paris. Et c'est proprement admirable.

Car, de deux chose l'une :

Ou bien les troupiers qui composent les classes sont des Parisiens dont l'horizon agricole sera toujours limité aux marronniers des Champs-Elysées et aux fusains qui ornent la terrasse des bistros. Et alors le bon grain semé par le fermier général Cincinnatus aura le sort de la semence dont parle la parabole évangélique : il tombera sur le macadam parisien, où il n'a aucune chance de donner une récolte multipliée au centuple.

Ou bien les auditeurs des conférences agricoles sont des paysans arrachés aux champs de la Beauce ou de la Bourgogne. Et alors c'est encore plus rigolo. Car on les a fait venir dans la cour de la caserne de la Pépinière pour leur montrer comment il faut planter les choux, et c'est sur la place Saint-Augustin qu'ils apprendront les soins nécessaires à la vigne, ainsi que les manœuvres inscrites dans la théorie militaire pour discipliner le mildiou et combattre le phylloxéra.

Le sergent commandé de corvée pour la leçon pratique d'agriculture tient à la main un spécimen acheté le matin même aux Halles par le caporal d'ordinaire.

— Tâchez voir moyen de m'écouter un peu. Je ne répète pas deux fois pour les sourds, et, s'il y a un idiot parmi l'honorable société, il sortira sur mes jambes dimanche prochain... Qu'est-ce que je tiens là ?

L'honorable société, voulant laisser au sergent instructeur le plaisir de montrer son érudition, observe un silence prudent.

— Eh bien, je vais vous le dire... Ça s'appelle un navet. La partie que je tiens à la main, c'est la chevelure du navet, qui sort habituellement de terre et est visible à l'œil nu... Le reste, c'est... c'est la carotte du navet, qui se dissimule dans les entrailles du sol et qui constitue la partie comestible... Voyons un peu... Lidoire, avez-vous compris ? Répétez voir ce que je viens de dire.

Lidoire est un paysan normand.

— Faites excuse, sergent... Pour un navet, ça n'est pas tout à fait un navet, malgré que ça ressemble à un navet...

— Et comment appelez-vous ça, s'il vous plaît ?

— Moi, sauf votre respect, sergent, j'appellerais plutôt ça une betterave...

— Et ça, qu'est-ce que c'est ? Allons, répondez...

— C'est vos galons, sergent.

— Alors, voilà un soldat de deuxième classe qui prétend s'y connaître mieux que son sergent en navets et en betteraves ?... Vous me ferez quatre jours, et ça fera le compte...

Il ne faut pas confondre les genres.

Non seulement un militaire n'est pas fait pour planter les choux, mais il est fait de telle façon que l'herbe ne doit plus repousser à l'endroit où se sont posés ses godillots, s'il a marché conformément à la théorie du service en campagne.

Si vous voulez encourager l'agriculture, ne faites pas venir les agriculteurs ici ; laissez-les là-bas... D'autant mieux qu'après avoir passé quelques mois dans une caserne de Paris il y a beaucoup de chances pour qu'ils ne veuillent plus retourner à la campagne.

Chacun son métier ; les frontières et les vaches seront bien gardées.

« DU ROLE MILITAIRE DES FLEURS DE RHÉTORIQUE »

C'est un titre, c'est un sujet que je propose respectueusement au maréchal Joffre ; car il se doit et il nous doit d'écrire maintenant un beau livre, puisqu'il est de l'Académie.

Jamais la métaphore (qui est une espèce de bégonia) n'a fleuri plus abondamment, plus audacieusement, qu'au cours de la guerre actuelle. Jamais elle n'a eu un tel succès auprès des masses.

Il faut comprendre que nos grands stratèges de l'arrière, chefs du moral et « gardiens de la Flamme », voient la guerre, non pas au point de vue objectif, mais au point de vue subjectif ; non pas telle qu'elle est, mais telle qu'elle devrait être. Ainsi, ils ont des engins qui, virtuellement dirigés contre les Boches, ont pour but principal le crâne des civils.

Ainsi, la métaphore, tout en restant une fleur, devient une machine de guerre.

La plus belle des métaphores à longue portée fut le « rouleau compresseur » qui peu de temps après devint la « tenaille russe ». Il y avait au nord un général russe (qui est actuellement mendiant à Petrograd) et au sud un autre général russe (qui est concierge à Moscou). Chaque fois que ces généraux effectuaient un « repli élastique » on nous annonçait que « les deux branches de la tenaille » s'écartaient pour mieux se resserrer ensuite, et que les Boches allaient se trouver salement pincés.

Puis, il y eut l'entrée en scène du « Général Hiver » qui devait attirer le kaiser au « Tombeau de la Steppe » ; et le « facteur formidable » devait distribuer les lettres de décès à domicile.

Le front d'Occident a vu aussi de belles images :

— Je les grignote, aurait dit un futur académicien... le « dernier sursaut de la bête féroce expirante », répète inlassablement à chaque offensive le prince de nos stratèges, à qui l'on doit aussi « le creuset de Verdun ».

Aujourd'hui, c'est de la frénésie lyrique : nous avons la « poche », la « hernie », la « nasse », la « souricière » et la « toile d'araignée », qui est aussi une « pierre d'achoppement ».

Devant cette floraison, le poilu rêveur hoche la tête et murmure :

— Une veine que je suis là pour achever à coups de fusil ce Boche qui a été aplati par le rouleau compresseur, déchiré par la tenaille, frigorifié par le Général Hiver, enterré dans la steppe, fondu dans le creuset de Verdun, grignoté par les académiciens, noyé dans la nasse et foulé aux pieds par le facteur formidable.

En attendant « le quart d'heure **de Nogi** » qui doit précéder (pour l'Allemagne, bien entendu) le « quart d'heure de Rabelais »...

PARTANT POUR LA SYRIE...

Il y a eu à Marseille une manifestation nègre et militaire.

Le général Mangin, qui est des plus redoutables pince-sans-rire de l'armée française de couleur, et qui revient de Marseille où il a pu se perfectionner dans l'art de la galéjade, donne de cette manifestation l'explication suivante : « C'est une effervescence patriotique. Nos bons Sénégalais voulaient un drapeau neuf pour s'en aller en Syrie. Je leur ai donné un drapeau neuf, et ils se sont embarqués en chantant la *Madelon du Fouta-Djalon.* »

Je trouve dans certains journaux une autre explication : les Sénégalais ne demandaient qu'à partir, mais ils voulaient partir pour le Sénégal, de préférence ; et ils ne voyaient pas bien ce qu'ils iraient faire en Syrie.

« Quoi y en a nous aller foutre en Syrie ? » demandaient-ils aux Marseillais qui n'en savaient rien.

C'est alors qu'on envoya le général Mangin pour leur donner des explications. Le général Mangin est doué d'une éloquence persuasive. Les nègres partirent...

« Les nègres sont de grands enfants », dit le général Mangin avec un bon sourire indulgent.

Les Sénégalais ne comprennent pas que, partant pour la Syrie, ils suivent les traces glorieuses de Frédéric Barberousse, de Philippe-Auguste et de

Richard Cœur de Lion, qui prirent Saint-Jean-d'Acre ; et celles du jeune et beau Dunois, que chanta la reine Hortense.

Mais les bons nègres ont cette excuse que Frédéric Barberousse, Philippe-Auguste et Richard Cœur de Lion appartenaient à une espèce blanche, c'est-à-dire migratrice et conquérante.

Tandis que les nègres, comme vous le savez tous, appartiennent à la race noire. La race noire est essentiellement sédentaire ; elle n'a jamais pris part volontairement aux grands mouvements de migration, d'exploration et de conquête qui ont bouleversé le monde. Si les Africains ont parfois quitté l'Afrique, c'est parce que nous avons été les chercher.

Ce furent d'abord les marchands de bois d'ébène qui embarquèrent les esclaves noirs pour remédier à la crise de la main-d'œuvre dans la Rome impériale et puis dans la libre Amérique. Entassés dans la cale des felouques, des lougres et des caravelles, voguaient vers la Floride, les fers aux pieds, les engagés volontaires du Sénégal, librement affectés à la culture du coton et de la canne à sucre.

Puis vinrent les négriers du patriotisme ; à leur suite partirent les bons noirs, pour la défense d'une patrie qui n'était point la leur. Le bois d'ébène se conserve mal sous le climat du Nord ; il y eut du déchet.

Les nègres sont de grands enfants. C'est une veine. On a pu d'abord leur montrer la guerre sous une forme puérile : l'habit prestigieux des guerriers, le bruit entraînant des fanfares, l'odeur excitante de la poudre, la vue exacerbante du sang, la gloire tumultueuse et enfantine des vainqueurs après la victoire, et la majesté supérieure

du soldat sénégalais qui, montant la garde baïonnette au canon, a le droit de dire à n'importe quel
blanc : « Tu ne passeras pas ! »

A ces pièges, combien de nègres blancs se sont
laissé prendre !... Mais, aujourd'hui, les Sénégalais eux-mêmes ont pu reconnaître que, décidément, y a pas bon : c'est pourquoi il y eut parmi
les tirailleurs un peu de tiraillement.

Et je voudrais bien savoir quel discours renou-
velé de Mac-Mahon le général Mangin a pu tenir
aux nègres pour leur faire comprendre que leur
destin était de continuer.

SON CASQUE

Je reçois une lettre d'un ancien soldat qui, par
erreur ou omission, survécut à la dernière victoire.

Ce poilu revint glorieusement dans ses foyers,
rapportant son casque, qu'il croyait avoir gagné à
la guerre, d'après ce qu'il avait lu dans les journaux.

Il accrocha le casque au-dessus de sa cheminée
et, à force de le regarder, il conçut l'idée bizarre
que cet objet était sa propriété personnelle.

Le poilu a un jardin ; dans ce jardin, il y a un
cerisier ; dans ce cerisier, il y a des cerises lorsque
la saison est favorable; mais, dans ce cas, il y a
aussi des moineaux qui viennent manger les cerises et ne laissent que les noyaux... Ce qui est, si
vous voulez, un symbole de la guerre et de la paix.

L'ancien soldat eut l'idée de poser une sentinelle.
Il installa donc dans son cerisier un mannequin
vêtu de bleu horizon; et il mit son casque sur la
tête du mannequin, car les poilus sont faits pour
les casques et les casques pour les poilus.

L'héroïque image qui eût terrorisé les envahisseurs boches, produisit sur les braves petits moineaux français un effet purement laxatif. Ils continuèrent à manger les cerises du cerisier, et vinrent faire leurs petites nécessités sur le casque du poilu empaillé.

Or, l'ancien soldat reçut dernièrement son nouveau fascicule de mobilisation, sur lequel il lut avec surprise cet avis :

« 4ᵉ *Echelon... Il rapportera son casque...* »

En style militaire, l'axiome juridique: « Donner et retenir ne vaut » ne saurait avoir aucune valeur.

Mon correspondant envisage donc la nécessité prochaine de remonter à l'échelle dès que la remobilisation sera décidée malgré les menées pacifiques de M. Poincaré-la-Paix, de remettre sur sa tête le casque rongé par la rouille et encrotté par les pierrots, et de le garder tant que ses supérieurs hiérarchiques lui répèteront avec bienveillance : « Restez donc couvert, je vous prie... » Et pendant quatre ou cinq ans encore les pierrots du patriotisme enguirlanderont de fleurs le casque qui fut déshonoré par les pierrots de la paix. Ce qui sera une glorieuse compensation pour le poilu (celui qui n'est pas encore empaillé).

Mais, en attendant, il tient à prévenir les camarades.

Ne jetez pas votre casque, si vous ne l'avez déjà jeté. Les enfants de la patrie qui seront démunis de cet objet de première nécessité lorsque le jour de gloire sera « rarrivé » se verront obligés de s'en procurer un nouvel exemplaire chez le marchand, à leurs frais, et à une époque où l'article subira une forte hausse par suite de la demande.

Quant à l'embusqué qui est dans le cerisier, il conservera une attitude parfaitement correcte. Il n'est pas mobilisable, mais néanmoins il remplira à l'arrière un rôle fort utile.

Il remplira le rôle de la grenouille dans le bocal. La grenouille (je parle d'une grenouille appartenant à une génération antérieure et louis-philipparde) indiquait la pluie et le beau temps aux personnes qui n'avaient pas assez d'instruction pour interpréter les indications du baromètre. Elle montait à l'échelle par le beau temps et plongeait dans l'eau, à la manière de Gribouille, lorsque menaçait la pluie... à moins que ce ne soit le contraire.

De même, les braves gens qui ne savent pas lire le journal ou qui n'ont pas confiance dans ses indications connaîtront, par la vue du poilu empaillé, si la France est en paix ou en guerre.

Quand le poilu empaillé aura son casque sur la tête, ça voudra dire que les marchands d'obus traversent une période de morte-saison.

Quand le poilu de l'arrière sera tête nue, ça voudra dire que les poilus de l'avant sont casqués et reçoivent sur la tête quelque chose d'un peu plus consistant que la crotte de moineau.

Vous m'accuserez peut-être de sacrilège, vous penserez peut-être que je suis un type dans le genre de ce patriote qui, pour mieux faire pousser le drapeau, voulait le planter dans le fumier, mais je souhaite que de nombreuses générations de pierrots continuent à faire leurs petites nécessités sur le casque sacré du poilu empaillé.

UNE IDÉE

Nous pouvons constater que le Palais-Bourbon est devenu un centre intellectuel fort brillant. Chaque député a une idée au moins par jour... C'est quelquefois une idée purement démentielle ; c'est, la plupart du temps, une idée simplement saugrenue. Mais c'est une idée tout de même, et le député escalade la tribune pour commencer toujours de la même façon : « J'ai une idée... Si, au lieu de... »

Si les élus ont le devoir d'avoir des idées tout le temps, les électeurs ont bien le droit d'en avoir une de temps en temps, et même les gens qui ne sont pas électeurs...

J'ai une idée... Une petite idée qui ne cassera rien si elle est réalisée (et c'est déjà, pour une idée, une qualité vraiment exceptionnelle)... Une petite idée qui rapportera au pays d'appréciables ressources en hommes et en argent... Une petite idée de contribution qui sera accueillie avec joie par les contribuables visés ; et les contribuables visés ne pourront pas être ratés. (Vous commencez à comprendre que mon projet n'est pas ordinaire.)

Nous avons en France un certain nombre de casernes qui renferment un grand nombre de jeunes gens. Je ne peux pas vous dire le chiffre, mais n'importe quel ministre de la guerre vraiment digne de ce nom pourra vous donner le total approximatif, à la suite d'une enquête dans ses bureaux.

Tous ces jeunes gens passent dix-huit mois à la caserne. Or, au bout de six mois, ils ont appris tout ce qu'on peut apprendre du métier militaire ; c'est-à-dire qu'ils ont acquis cette instruction spéciale qui consiste à désapprendre ce qu'ils ont appris dans le civil... Evidemment, le dressage est plus long pour ceux qui, sachant beaucoup, ont beaucoup à désapprendre ; au contraire, ceux qui dans le civil n'ont jamais rien compris, comprennent dès le premier jour que, dans le militaire, il ne faut pas chercher à comprendre... Mais on doit admettre que, pour faire un soldat, le délai maximum est de six mois, puisqu'il ne faut pas plus de six mois pour faire un caporal, c'est-à-dire un gradé chargé d'instruire les autres.

Supposez qu'au bout de six mois, au lieu de maintenir ces jeunes gens à la caserne pendant douze mois encore (dans l'espérance illusoire de les amener, dans la voie de l'abrutissement, à une perfection qui n'est pas de ce monde), on leur tienne le discours suivant :

« Vous êtes libres... Vous pouvez rentrer chez vous, à condition de verser à l'Etat, à titre de taxe ou de rançon, une somme de 1.000 francs, que vous aurez la faculté d'acquitter en douze versements. Comme vous comptez 360 demain matin, chaque jour de liberté vous reviendra environ à 3 francs par jour... »

Je ne veux pas mettre en doute le patriotisme de la jeunesse française... C'est pourquoi je suis certain que le chiffre des dégagements volontaires serait considérable, pour le plus grand bien du pays.

La recette provenant des primes de dégagement se trouverait quadruplée du fait que l'Etat n'aurait plus rien à dépenser, pendant douze mois, pour l'entretien des jeunes gens libérés... Par surcroît, il faudrait tenir compte de la valeur du travail accompli par ces hommes ; le travail militaire coûte au pays, mais le travail civil rapporte. Et nous pourrions réduire l'importation de la main-d'œuvre étrangère, ce qui ne serait pas un mal, à divers points de vue.

La défense nationale ne serait aucunement affectée par cette mesure ; car l'autorité militaire saurait toujours où prendre les jeunes gens libérés le jour où il serait encore nécessaire de les faire tuer.

Notre armée serait plus brillante que jamais, car elle se composerait exclusivement d'officiers, et la solde de ces officiers, payés pour rester officiers, pourrait être améliorée par un prélèvement sur les contributions que paieraient les soldats pour ne plus rester soldats.

Tout le monde se réjouirait de cette solution, par quoi l'armée, enfin, deviendrait rémunératrice et résolument pacifique.

Tout le monde... excepté nos amis les Américains, qui ne pourraient plus nous taxer d'impérialisme.

CHAPITRE III

TAM-TAM GUERRIER
LES GRANDES MANŒUVRES
LA PREPARATION A LA GUERRE

DE L'INFLUENCE DE LA PEAU D'ANE SUR LES DESTINS
DU MONDE

On annonce une nouvelle militaire assez satisfaisante.

Les musiques réglementaires sont supprimées et remplacées par des musiques de brigade. Les brigades sont moins nombreuses que les régiments... C'est autant de gagné.

De même que les cloches sont la plus merveilleuse invention du génie catholique, les musiques militaires sont la plus diabolique invention du génie guerrier. C'est un instrument de réclame et de publicité supérieur même aux plumets et aux dorures... Les sons ont sur les nerfs des humains, et sur ce centre nerveux déréglé que les philosophes spirituels appellent l'âme humaine, une influence redoutable et mystérieuse. Sur leur passage, les cuivres versent au cœur des citadins, avec le poison de l'héroïsme, la semence des exaltations imbéciles et sanguinaires. L'âme des foules vibre, sonore et creuse comme l'âme des tambours. Et les gosses, dans le sillage, marchent au pas, subissant avant l'échéance l'hypnose de la discipline et l'envoûtement de la servitude.

J'ai beau me raisonner, me dire qu'après tout, pour un homme civilisé, ça n'a pas plus d'importance que les autres jazz-bands, mon cœur se serre atrocement lorsque j'entends la musique militaire... Et je revois ce que j'ai vu une fois : un grand espace vide ; le peloton d'exécution qui s'éloigne, sa besogne faite ; le délinquant, le supplicié, le martyr... la chose sanglante qui pend, attachée au poteau trop bas ; le troupeau morne des spectateurs contraints au spectacle... Et, soudain, un air joyeux éclate, un pas redoublé entraînant, le rythme sonore et glorieux scandé par la fanfare du régiment, qui célèbre la nouvelle victoire de la Discipline française.

Pourtant, c'est en l'honneur de la mort d'un seul homme que, ce jour-là, chantait la musique militaire.

C'est égal... La démolition d'un kiosque dans une sous-préfecture me semble avoir, pour la paix future, la même signification, la même valeur stratégique que la disparition d'une caserne.

De même, c'est M. Millerand qui fut l'organisateur des retraites militaires... « Millerand-plan-plan ! » chantait Dominique Bonnaud. Il suffit d'un refrain pour sacrer un grand homme.

M. Millerand, en temps de paix, a compris l'influence de la peau d'âne sur les destins du monde, lorsqu'elle est convenablement employée : non point à des diplômes illusoires ou des grimoires fallacieux, mais à des tambours sonores et creux comme l'âme même des foules. Si vous voulez être admirés, si vous voulez être suivis, n'écrivez pas sur la peau d'âne. Tapez dessus.

L'effet produit est d'ordre physiologique.

Quand passe la musique militaire, le tambour agit déjà sur le diaphragme du bébé de six mois perché sur sa haute chaise. Il agite ses bras, pousse des cris belliqueux et frappe furieusement de son hochet la tablette qui l'enclôt. Le démon de la casse et de la destruction est entré en lui. Malheur à l'assiette ou à la soucoupe placée devant Bébé !... D'ailleurs, toute la vaisselle, d'elle-même, vibre et danse aux sons du tambour.

Plus tard, l'enfant court à l'appel du tambour. Il suit le régiment qui passe. Le rythme de la peau d'âne scande ses pas vers des buts encore imprécis... Les spectateurs qui n'osent pas ou ne peuvent plus suivre regardent et pleurent. Le tambour rime avec l'amour ; il mène à la victoire, qui rime avec « gloire », avec « déboire », avec « illusoire », avec « lacrymatoire » et même avec « poire ».

Plus tard encore, le jeune homme suit le tambour ; il est entraîné par une force irrésistible qui n'est plus en lui. Et son ardeur a diminué, parce qu'il sait maintenant où le tambour le mène. Mais l'enthousiasme de ceux qui le regardent marcher est toujours aussi admirable.

Tout ça parce que la paroi qui sépare nos poumons de nos organes digestifs a la traîtresse faculté d'entrer en vibration sympathique (comme dans l'*harmonica chimica*) avec la peau des tambours. Ce n'est pas notre cœur qui est ému ; c'est notre diaphragme.

Il y a des gens qui savent jouer du tambour et canaliser notre émotion inférieure. Tels les dentistes forains qui, en frappant sur la grosse caisse, entraînent les hommes à l'acte de suprême héroïsme ; je veux dire l'acte qui consiste à se faire

arracher une dent. Tels les ministres de la guerre :
rappelez-vous que le général Farre, qui supprima
les tambours, passa pour un défaitiste... Rappelez-
vous que le général Boulanger, qui les rétablit, fut
un demi-dieu... Et regardez un peu M. Millerand-
plan-plan !

Je reproche au bon La Fontaine, dans les *Animaux malades de la peste*, au cours du réquisitoire
contre l'âne, d'avoir oublié le principal grief :

L'âne est, après sa mort, le plus malfaisant des
animaux, le plus sanguinaire des carnassiers.

Mais je réfléchis que, justement, c'était un motif
pour ne pas le tuer... Alors, le bon La Fontaine a eu
raison.

MA CRISE DE PATRIOTISME

Je lis dans les journaux de Paris le compte-rendu
d'une émouvante cérémonie patriotique, à laquelle
je regrette bien de n'avoir point assisté.

On me voit fort peu aux cérémonies patriotiques ;
mais j'aurais eu plaisir à voir les drapeaux des régiments dissous entrer aux Invalides.

Pour parler plus franchement, j'ai plaisir à penser que chacun de ces drapeaux, entrant aux Invalides, représente un régiment dont le numéro est
dans l'histoire, désormais, une abstraction arithmétique, glorieuse et inoffensive.

Car les drapeaux entrant aux Invalides, entrent
dans l'histoire ; ils ont pris leur retraite. Ils deviennent des symboles immobiles et sacrés. La seule histoire bête et méchante est l'histoire contemporaine ;
l'histoire des temps passés est belle et glorieuse.

Un vieux drapeau accroché à la voûte des Invalides est aussi respectable et n'est pas plus méchant qu'un vieux colonel à l'oreille cassée, racontant ses campagnes sur un banc du mail. C'est pourquoi j'espère bien que la fête du 21 février se renouvellera plus brillante encore et avec des drapeaux plus nombreux.

Le dôme des Invalides, en vérité, recouvre un temple que peuplent les dieux morts...

Dans les temples, qu'ils soient chrétiens, musulmans ou bouddhistes, il y a des dieux bariolés... Ne dites pas que ce sont des idoles de bois et de pierre, inertes et impuissantes, qui n'ont d'existence et d'ironique supériorité que par la soumission prosternée de leurs créateurs. Ce sont en vérité des dieux actifs, qui peuvent faire beaucoup de mal s'ils agissent au dehors.

Je suppose que les prêtres, tous les prêtres de toutes les religions, s'ils comprennent le côté bienfaisant de leur sacerdoce, doivent se considérer comme les geôliers respectueux des bons dieux enfermés dans leurs temples. Ils doivent les assoupir avec leurs chants berceurs; ils doivent les endormir avec la fumée narcotique de l'encens ; ils doivent les amuser avec des cérémonies puériles, pour les empêcher d'aller s'amuser en ville. Car chaque fois qu'un dieu est descendu dans la rue pour se mêler à la vie des hommes, soit dans un but de plaisir personnel comme fit Zeus lorsqu'il donna naissance à la déplorable Hélène ou mit en chantier la race détestable des Atrides, soit dans l'excellente intention d'améliorer l'indécrottable humanité, toujours et partout les dieux incarnés ont déchaîné des catastrophes.

Et voilà pourquoi je suis heureux de savoir que les drapeaux, idoles sacrées, avides de sang humain, sont respectueusement accrochés aux colonnes du temple et que Napoléon dort pour l'éternité dans son pesant cercueil...

Car je n'aurai point la joie de voir le dernier des maréchaux, escorté du dernier piquet d'infanterie, faire solennellement son dernier déménagement, de l'Académie au Panthéon.

UN COUP DE SIFFLET

Un « individu », nommé Raoul Beauchaud, a fait entendre des coups de sifflet, sur le boulevard Lannes, au moment où passait un régiment précédé de son drapeau (ou plus exactement un drapeau suivi de son régiment).

Interpellé, l'individu aurait pu prétendre qu'il sifflait comme ça parce qu'il avait dans la tête un air dont il ne voulait pas se débarrasser, ou bien qu'il sifflait par enthousiasme, suivant la mode américaine. Mais il avoua cyniquement qu'il sifflait parce que le drapeau lui rappelait des souvenirs désagréables.

Il fut rossé, et les agents le conduisirent au Dépôt.

C'est bien fait.

Un coup de sifflet, à la fin d'un couplet ou d'un discours, peut licitement exprimer une opinion politique ou artistique... Un coup de sifflet, sur le passage d'une tête couronnée, est un crime de lèse-majesté qui ne saurait être trop sévèrement puni. C'est ainsi que la police de Napoléon Ier découvrit au fond d'une geôle un vieux monsieur qui avait été mis en prison en 1786 pour avoir sifflé sur le passage de la reine Marie-Antoinette, au bal de l'Opéra, et Napoléon décida très sagement qu'il n'y avait plus aucune raison pour le remettre en liberté.

la reine Marie-Antoinette étant seule qualifiée pour lui faire grâce.

Mais un coup de sifflet, sur le passage d'un drapeau, est proprement un blasphème. Je crois vous avoir expliqué ce qu'est un blasphème ; et le drapeau, comme le crucifix, est l'emblème religieux d'une chose très élevée, très lointaine, peut-être inexistante, mais en tout cas infiniment respectable.

Nous avons constaté que le blasphème contre la divinité ne tombait plus sous le coup de peines temporelles... Aujourd'hui, le chevalier de la Barre pourrait impunément ricaner sur le passage d'une procession. Au contraire, c'est la procession qui ne pourrait passer dans la rue sans être brimée par la police.

Mais, quand la procession se compose d'un colonel, d'un certain nombre d'officiers et sous-officiers, et d'un plus grand nombre de soldats, vous risquez gros en ne vous découvrant pas devant le très saint Sacrement (si vous portez un chapeau, bien entendu ; parce que, si vous portez un képi, ça ne vexe pas du tout le drapeau que vous restiez couvert).

Un drapeau, ça représente l'honneur du pays, et l'honneur d'un pays, c'est quelque chose, car il n'est pas de crime qui le puisse entacher. Un drapeau, ça représente l'ambition d'un pays, et son extrême susceptibilité, et son orgueil agressif et aussi son orgueil humilié... Ça représente les victoires et aussi les glorieuses défaites, et les haines séculaires qu'attise le perpétuel esprit de revanche. Un drapeau, ça se porte haut et ferme, ça se plante chez les nègres, chez les Chinois et jusque sur les îles désertes. Ça flotte héroïquement aux quatre coins du monde, qui est rond, et ça porte dans ses plis toute la poésie exaltée d'un sanglant mysticisme.

Les hommes ne sont pas méchants pour un sou : ils n'ont pas de rancune et ils ne tiennent pas tant que ça à se battre... Oui, mais il y a le drapeau, et il faut marcher derrière...

Tous les drapeaux ont la même vertu mortelle, car ils représentent l'âme immortelle des peuples. Il faut saluer avec le même respect tous les drapeaux de toutes les nations du monde, comme il faut se découvrir à l'entrée de toutes les mosquées.

Les hommes tombent. Le drapeau reste. Il est vrai qu'il change parfois de couleur; mais c'est toujours le drapeau.

Inclinez-vous, le cœur battant que le drapeau passe devant vous, escorté de sa garde... ou bien que vous passiez devant le drapeau qui, fièrement arboré à la porte d'un lavoir ou d'un établissement du Mont-de-Piété, évoque également dans ces deux autres cas une idée de symbolique lessive...

L'AMUSEMENT DES MILITAIRES

Pour la première fois depuis la guerre, de grandes manœuvres se dérouleront dans la région du camp de Coëtquidan... Les grandes manœuvres, c'est un truc qui se déroule lorsque les officiers d'état-major cessent momentanément de se les rouler... Quant au camp de Coëtquidan, j'ai constaté, en déroulant ma carte d'état-major, qu'il se trouvait entre Rennes et Vannes.

Le général de Boissoudy, membre du Conseil supérieur de la guerre, dirigera les hostilités. Ce système du commandement unique, avec un seul général en chef pour les deux armées ennemies qui s'affrontent, offre de grands avantages, en ceci qu'il ne laisse aucune part à l'imprévu. Or c'est toujours l'imprévu qui dérange les plus géniales combinaisons des plus grands capitaines. Le général de Boissoudy, sans crainte d'être démenti par les événements, sait déjà qu'un parti dit « de la défense » se concentrera le 5 septembre au camp et y exécutera des études et des travaux défensifs. Un parti dit « de l'attaque » se concentrera du 6 au 10 septembre au sud de Rennes et marchera sur le camp, qui se défendra brillamment contre une brillante attaque. Le 15 septembre, tout s'étant passé comme le général de Boissoudy l'a prévu, les chefs des deux partis en présence recevront des félicitations; per·sonne ne sera envoyé à Limoges : au contraire ; les combattants, disloqués mais intacts, regagneront les divers cafés de leurs diverses garnisons, où ils se livreront à de nouvelles expériences sur les nou·velles cressonnées lancées pendant leur campagne (car les anis de nos amis sont nos anis).

Le général de Boissoudy a eu une touchante inspiration en offrant ainsi une petite compensation à la Bretagne. Les guerres se déroulent toujours dans l'Est et dans le Nord (car les guerres, c'est aussi un truc qui se déroule comme les grandes manœuvres, avec cette différence que, pour les grandes manœuvres, quand ça fait boum, ça fait peur aux dames ; tandis que, pour la guerre, quand ça fait boum, ça fait mal à tout le monde). Nos vaillantes populations de l'Ouest ont bien mérité d'être un peu éprouvées à leur tour, et le parti de la défense, piétinant les champs de sarrasin, saccagera ce que le parti de l'attaque aura épargné.

Le général de Boissoudy a eu une autre touchante inspiration en offrant ainsi une petite compensation aux officiers d'état-major qui depuis 1914 ont interrompu leurs études de stratégie et n'ont pu se faire aucune idée de la guerre, n'étant pas sur les lieux... Pendant les grandes manœuvres, au contraire, les états-majors sont au premier plan. Ils voient les choses exactement comme elles se passent. Le malheur est que les choses ne se passent pas comme à la vraie guerre.

C'est le seul petit inconvénient du commandement unique. Le général de Boissoudy, manœuvrant les deux armées en présence, va jouer au petit jeu puéril du bébé qui, dans son lit, joue à cache-cache avec ses mains : il cache sa main gauche et il la cherche avec sa main droite... Mais ce petit jeu doit aboutir à une éclatante démonstration de l'infaillibilité militaire en temps de paix ; il en sortira sans doute une admirable méthode stratégique, propre à assurer la victoire jusqu'au premier jour de la prochaine guerre.

Ne dites pas que les manœuvres militaires ne comportent un enseignement que si elles comportent en même temps la glorieuse incertitude de la guerre. Ne dites pas que les deux chefs des deux partis opposés doivent être dans l'ignorance des mouvements exécutés par l'adversaire, et libres, par conséquent, de commettre des gaffes ; car la gaffe est l'école du général.

Mais non; en temps de paix, un général ne doit pas faire de gaffes. Les gaffes sont réservées pour le temps de guerre, où elles n'ont aucune importance.

Car les gaffes, en temps de guerre, on les enterre.

EXERCICES

Cette année, c'est le 20ᵉ corps qui s'y colle, et c'est

dans la région de l'Est que le général Berthelot.
membre du Conseil supérieur de la guerre, s'en va
jouer au soldat.

Le général Berthelot se propose de continuer ses
études interrompues par la guerre. Pendant la
guerre, on ne peut rien comprendre à la guerre, à
cause du bruit, de la fumée et du désordre. Et puis
les généraux sont mal placés pour voir les choses
intéressantes qui se passent quelque part, à portée
d'estafette. Enfin, à la guerre, il se passe des événements imprévus ; ça tourne bien ou ça tourne
mal, tandis qu'aux manœuvres ça se déroule harmonieusement, suivant le thème des opérations.

D'après une note communiquée aux journaux, le
général Berthelot étudiera cette année « les marches loin de l'ennemi avec nécessité de se dérober
aux vues et aux coups de l'aviation ; la marche d'ap-
proche, suivie d'une prise de contact, et, pour certains éléments, l'engagement du combat ».

Ce programme est infiniment réjouissant si l'on
considère que l'ennemi sera figuré par « un simple
plastron, actionné par le général Berthelot lui-
même ». En ce qui concerne les marches loin de
l'ennemi, avec nécessité de se dérober à la vue de
quelqu'un qui n'existe pas, le plastron est inutile.
et il est suffisant pour la prise de contact et l'engagement du combat. De toute façon, les études du
général Berthelot risquent d'être fort incomplètes.

Ce petit jeu ressemble un peu trop à l'entrée du
clown, qui arrive tout seul sur la piste du cirque
et annonce solennellement : « Grande séance de
lutte.... Moi-même contre moi-même. » Il se prend
à bras-le-corps, se résiste un moment, se jette à terre.
s'arcboute, échappe à sa propre étreinte et finit par

se faire toucher les épaules, cependant que le public applaudit à sa victoire.

Les vieux généraux sont semblables aux petits enfants : ils aiment le bruit des trompettes et des tambours, les déguisements barbares, les défilés à grand spectacle, et ils ont la même façon puérile de jouer à la guerre en temps de paix. Ce jeu serait amusant, s'il n'évoquait pas des souvenirs qui eux-mêmes évoquent des appréhensions.

Remarquez bien que le général Berthelot reconnaît par un aveu naïf l'inutilité du mouvement qu'il « actionnera » demain.

Car il écrit :

« Il s'agit uniquement d'évolutions. *L'étude du combat n'aura lieu qu'à l'intérieur du camp.* »

Ainsi les choses se passeront comme pendant la guerre : les généraux travailleront leur bataille à huis-clos, sur la carte... Alors, si ça doit se passer comme pendant la guerre, à quoi bon déranger le 20e corps et « actionner un plastron » ? Les généraux studieux n'ont qu'à rester dans leur garnison et à relire bien sagement, sur leur table de travail, les campagnes de Napoléon, les *Commentaires* de César et les manœuvres stratégiques du général de Saint-Just dans l'hémicycle du Palais-Bourbon.

Pourquoi le gouvernement ne donne-t-il pas à chaque général une boîte de soldats de plomb ? En manœuvrant ces combattants insensibles (qu'il aurait, par surcroît, l'avantage d'avoir sous les yeux), chaque général économiserait des soldats fragiles et vulnérables, qui vont attraper probablement des bronchites et certainement des ampoules en effectuant des marches forcées et des travaux de terrassement sous une pluie glaciale, dans la région de Bitche ou de Morhange.

Sans compter que ce système d'entraînement discret éviterait la publication de communiqués qui, une fois de trop, font rigoler les civils aux dépens des militaires.

UNE « VÉRITABLE » BATAILLE

Vous avez vu sur les murs de Paris cette affiche qui annonce une grande fête militaire à Vincennes, sous le patronage du président de la République, du ministre de la guerre et des six maréchaux de France.

Une fête religieuse peut être quelque chose d'émouvant. Une fête populaire peut être quelque chose de joyeux. Une fête artistique peut être quelque chose de magnifiquement ennuyeux. Une fête nationale peut être quelque chose de grandiose dans le domaine de la saoulographie...

Une fête militaire doit être quelque chose de féroce.

Quand les militaires se réjouissent, les civils (je veux dire : les civilisés) ont des raisons de trembler. C'est leur ruine qui est le thème de la parade ; c'est leur mort qui est évoquée avec une bruyante jovialité, au son des musiques barbares. Un carrousel est une danse du scalp où de brillants Apaches caracolent autour du patient invisible.

La fête militaire de Vincennes est organisée « au profit des monuments commémoratifs qui par leur situation, de la Manche au Rhin, évoquent toute la guerre... » Sur cette terre torturée, les moissons devraient étendre un apaisement uniforme et recouvrir les ossements des victimes si bien que personne, jamais plus, ne puisse exactement désigner le lieu du crime. Mais non ; il faut que des sentinelles de marbre et de bronze, agressives sur la frontière de peuples qui doivent rester ennemis, se dressent pour évoquer la guerre et perpétuer la haine.

Voilà pourquoi nous organisons cette fête militaire dont le thème est particulièrement excitant :

Le thème est l'attaque du pont de Joinville par la 1ʳᵉ division, venant de Vincennes, laquelle se heurte, sur le plateau de Gravelle, à la 5ᵉ division, qui défend la Marne.

Le public assistera à une véritable bataille, avec violente préparation d'artillerie lourde, tirs de barrage, etc...

Une véritable bataille ne se compose pas uniquement de véritable bruit, de véritables évolutions de troupes et de véritables gaffes commises par de véritables généraux. Ce sont là les éléments de simples manœuvres.

Une véritable bataille comporte de véritables obus expédiés par de véritables canons ; à la suite de quoi il convient d'enterrer, par grandes quantités, de véritables cadavres.

J'espère que la fête de Vincennes, sera une démonstration militaire complète et que les organisateurs, après avoir exposé les causes, ne dissimuleront pas les effets.

Lorsque le canon se sera tu, des corvées viendront relever les morts, à la lueur de l'incendie des tribunes de Vincennes, qui décemment, au cours d'une véritable bataille, n'auront pu se dispenser de flamber... Les morts, abandonnés à eux-mêmes sur le terrain, affectent un laisser-aller regrettable et leur tenue n'a rien de réglementaire... Ils seront donc proprement alignés, puis rangés correctement, par petits tas, dans des fosses préparées à l'avance.

Alors les six maréchaux de France, qui auront

survécu à la bataille, en vertu de certaine immunité professionnelle dont seul Turenne ne réclama point le bénéfice, s'avanceront d'un pas martial pour distribuer aux morts glorieux une sorte d'absoute académique. Ils s'entre-décoreront à tour de bras, boiront à la prochaine et s'embarqueront pour les Indes ou les Amériques, afin de porter très loin le renom de leurs exploits.

Et les Gardiens de la Flamme, toujours vigilants, tendront de nouveau vers l'Est une oreille attentive, guettant l'écho des canons d'outre-Rhin, ou le bruit du galop des cosaques.

LES ENNEMIS DE FONTAINEBLEAU

Le dernier communiqué de l'autorité militaire, daté du quartier général de Fontainebleau, me semble assez inquiétant :

Nous avons progressé sur une étendue de 80 hectares dans la région du Rocher Bouligny. Nous occupons les Sept Roches, la mare de Bouligny, la Gorge aux Hiboux, la Grotte de Lucifer et le Point de vue Pompadour. Les Civils se sont retirés en désordre au delà des sentiers Denecourt-Colinet. Aucun changement sur le reste du front.

On sait que la forêt de Fontainebleau a l'honneur de posséder, entre autres attractions, un polygone, glorieuse figure géométrique ayant pour but de commémorer l'artilleur Bonaparte. Le polygone de Fontainebleau mesure une longueur de cinq kilomètres, mais il étend son influence sur une zone dangereuse de 260 hectares, interdite au public.

Car il faut que les militaires s'installent dans les plus beaux paysages pour faire de grands dégâts en temps de guerre, et de petites incongruités en temps de paix.

Or il s'agit d'annexer à la zone dangereuse une nouvelle zone de 80 hectares, soit le Rocher Bouligny, qui est la partie la plus admirable de la forêt de Fontainebleau. Il y a aussi des fantassins que le ministre de la guerre veut exercer au maniement des « armes et projectiles modernes ». Il faut leur donner de la place, sans empiéter sur le domaine de l'artillerie. Heureusement, la forêt est grande. La forêt est admirablement appropriée aux nécessités de la préparation militaire, si on ne tient pas compte des arbres qui gênent un peu le tir ; mais il est très facile d'abattre les arbres.

Quelle touchante élégie pourrait débiter la nymphe de la forêt de Fontainebleau, si les nymphes avaient la parole quand se tait le canon !... La forêt a trois ennemis puissants : le bûcheron, l'automobiliste, l'artilleur.

Le bûcheron est l'ennemi séculaire et le danger permanent... L'automobiliste est l'inconvénient moderne et le passager sacrilège ; il lui faut des routes et les routes exigent des opérations qui laissent des cicatrices sur le corps vierge de la forêt ; après quoi, sur les routes, l'automobiliste fait du bruit et de la poussière. Heureusement, l'automobiliste est passager ; il s'en va toujours plus loin ; malheureusement, il est trop passager : il passe tout le temps, et, pas plus le jour que la nuit, les faunes et les dryades de la forêt de Fontainebleau n'ont un moment de repos.

Quant aux artilleurs, parasites bruyants et saugrenus dans le décor sylvestre, ils représentent un mal traditionnel, mais non point nécessaire. Car c'est une erreur de confondre la tradition avec la nécessité et de déclarer que cette guérite peinte en vert, du fait qu'on l'a toujours vue à cette place, doit y rester jusqu'à la consommation des siècles.

Le Conseil municipal de Fontainebleau proteste contre l'envahissement de la forêt par l'élément militaire. C'est déjà un admirable paradoxe ; car on a toujours vu les Conseils municipaux réclamer des garnisons et appâter les régiments en édifiant des kiosques à musique où se tiendra la clique et autour desquels tournera le reste de la troupe.

Mais le Conseil municipal de Fontainebleau doit montrer plus d'audace encore et passer de la défensive à l'offensive, non seulement contre l'artillerie, mais encore contre l'infanterie. La forêt a droit à la paix totale; l'odeur de la poudre gâte les parfums du printemps ; le chant des oiseaux s'accommode mal d'un accompagnement pyrotechnique et du bruit héroïque des explosions.

Il ne manque pas, en France, de régions stériles, dénudées et maudites où les militaires peuvent s'exercer aux massacres futurs, sans troubler les quiétudes présentes. Est-il vraiment nécessaire qu'un canon, pour bien se comporter, ait devant lui des arbres ou une cathédrale ?

Nous ferons exception, si vous le voulez bien, pour l'école d'artillerie que M. Béquet, conseiller municipal du quartier de la Bourse, veut installer ou plutôt rétablir au centre de Paris. M. Béquet demande le rétablissement du canon du Palais-Royal.

Le canon du Palais-Royal ne fait de mal à personne ; il n'effraie même pas les moineaux, et si les passants, lorsqu'il tonne, s'enfuient terrifiés, ce n'est pas par crainte dn canon. Ils se disent :

« Midi! Je vais être en retard pour déjeuner... Qu'est-ce que ma femme va me passer ! »

Le canon du Palais-Royal est un canon modèle, considéré comme pièce d'artillerie et non comme pièce d'horlogerie... Car il marque seulement l'heure du soleil, qui n'est jamais à la page, et avance ou retarde régulièrement d'une heure sur la Bourse.

Décidément, un canon n'est bon à rien ; pas même à servir de pendule.

« SI VIS BELLUM, PARA BELLUM »

Avec le plus vif intérêt j'ai lu, dans le journal qui reste le dernier refuge de nos énergies académiques et nationales, un brillant article du commandant Devoir sur le sujet suivant :

« *La bataille future doit-elle être livrée à coups de canons ou à coups d'hommes ?* »

Etudiant parallélement l'homme et le canon, le commandant Devoir a découvert que l'âme d'un canon est privée du facteur intelligence et du facteur moral.

« *Quel peut être l'effet de la volonté et du courage sur du matériel? A quoi servirait le patriotisme ? Est-ce que les souffrances de la patrie auraient de l'influence sur la résistance à l'usure d'un canon ? Est-ce que la violation des frontières affermirait la trajectoire d'un obus ? Est-ce qu'un canon à la gueule cassée aurait le sublime héroïsme de lutter encore ?* »

Nous pouvons aller plus loin et affirmer qu'un canon derrière lequel il n'y aurait personne ne partirait même pas. Il resterait là, le canon, indifférent et sourd aux appels vibrants des académiciens, s'il n'y avait pas un artilleur pour le décider.

Et c'est bien là, comme dit le commandant Devoir, que se manifeste le facteur intelligence : jamais un canon ne sera assez héroïque pour aller, de lui-même, se faire casser la gueule; ainsi, nonobstant Pascal, éclate à la guerre la supériorité de la masse brute sur le roseau pensant.

Cependant, le commandant Devoir, qui n'est probablement pas artilleur, insiste sur cette vérité évidente :

« Des milliers de canons, d'avions et de chars sans hommes ne valent rien. Des milliers d'hommes sans canons, ni avions, ni chars, peuvent encore se battre. »

Ainsi firent les frères Macchabée... Et également les frères Horace (qui n'étaient pas artilleurs) lorsqu'ils combattirent les frères Curiace (qui n'étaient pas davantage artilleurs). Cependant, ce dernier souvenir ne me laisse pas sans inquiétude rétrospective sur le sort du vaillant Horace, au cas où les Curiace eussent possédé un canon ou une simple mitrailleuse. Contre une mitrailleuse que vouliez-vous qu'il fît ? Qu'il mourût.

Le commandant Devoir n'est pas sans avoir réfléchi à ce fait que le berger David n'aurait jamais remporté la victoire sur Goliath si l'arme de l'enfant n'eût été d'une portée supérieure à celle du géant. C'est pourquoi, reconnaissant que le canon est un ustensile bien utile et bien agréable pour le militaire, il écrit ceci :

« La destruction matérielle n'est vraiment le but que si le matériel humain est atteint. Car, tant qu'il reste des hommes, il reste des possibilités de canons. »

Voilà une jolie définition de l'homme au point de vue militaire : l'homme est une possibilité de canons... L'homme peut faire des canons ; le canon ne peut faire d'hommes ; bien au contraire.

Notre éminent confrère supérieur ne va pas jusqu'à la conclusion rigoureusement logique de son raisonnement : à savoir que rien ne sert de désarmer l'Allemagne si on ne massacre pas tous les Allemands. Il se borne à souhaiter que, le jour où un million d'Allemands se dresseront altérés de vengeance, ils trouvent devant eux, non seulement des canons, mais des patriotes altérés de gloire... Cette fraîche et joyeuse perspective doit faire battre (de mouvements divers) le cœur de tous les Français.

Le commandant envisage la question exclusivement sous cette forme : « Que faut-il pour se battre ? » Mais il est une autre forme de la question, fort intéressante, encore qu'elle soit inapte à entrer sous un képi galonné : « Que faut-il pour ne pas se battre ? »

Ce n'est pas une mauvaise chose que de supprimer les canons, pour commencer.

Je me trouvais, l'autre nuit, au milieu d'une fête artistique qui reconstituait l'époque révolutionnaire. J'observais une bande de jeunes gens bien élevés qui, costumés en sans-culottes (ils avaient eu le tort de garder leurs monocles), brandissaient des sabres et des piques. Ayant des sabres et des piques, ils étaient animés d'un désir frénétique de s'en servir : personne ne voulant prêter sa tête pour mettre au bout d'une pique, ils s'amusaient à piquer du bout de leurs sabres les derrières des danseurs.

Et il y avait aussi, au centre de ce bal, un instrument que vous connaissez et qui se compose d'un

couteau triangulaire qui glisse entre deux montants
de bois... C'est ingénieux et bien fait. Lorsque l'humanité fut dotée de ce nouveau jouet, elle fut ani-
mée du plus vif désir d'en faire usage. Et des milliers de têtes tombèrent avant que l'humanité son-
geât à jouer à autre chose.

Mettez un revolver entre les mains d'un jeune
voyou inoffensif. Le jeune voyou deviendra un dangereux apache parce qu'il songera tout de suite à
jouer avec le revolver... Le revolver tout seul, dans
la vitrine de l'armurier, ne ferait de mal à personne,
comme l'a observé judicieusement le commandant
Devoir.

Eh bien, tout ça prouve qu'il vaut mieux ne pas
offrir de jouets dangereux aux enfants.

Et que, pour désarmer les armées, contrairement
à ce qu'affirme le commandant Devoir, il est bon
de commencer, en deux temps et trois mouvements,
par leur faire déposer les armes.

DU DANGER DES ARMES A FEU

On ne devrait jamais laisser d'armes à feu entre
les mains des militaires.

Avant la guerre, c'est très dangereux ; car c'est
précisément à la suite de ce genre d'imprudences
que la guerre arrive. Et on se demande quand ça
finira, alors que ça n'aurait jamais dû commencer.

Après la guerre, c'est encore très dangereux, à
cause de la survivance, dans l'âme du militaire,
d'un certain héroïsme maladroit. On peut se faire
grand mal en maniant imprudemment un revolver
d'ordonnance. Je vous parlais l'autre jour de cet
excellent capitaine Brun, qui, retiré provisoirement

aux environs d'Agen, s'amusait à tirer sur les
pêcheurs à la ligne pour s'entretenir la main pendant l'entr'acte (le maréchal Fayolle n'a-t-il pas dit:
« La paix boîteuse que nos alliés nous ont imposée n'est qu'une trêve » ?) Encore le capitaine
Brun ne tirait-il que sur les civils... Mais nous
venons de perdre, coup sur coup, l'adjudant Vaux
et le capitaine Robinot-Marcy, victimes de maniements d'armes mal compris ; par suite d'une
curieuse déformation professionnelle, ces deux militaires, se trouvant en compagnie de dames, jouaient
avec leurs revolvers d'ordonnance : de sorte que
ces dames ont maintenant de sérieux ennuis.

Mais ce qui se passe en France n'est rien encore.

La Chine possède deux illustres maréchaux : le
maréchal Tchang-Tso-Lin et le maréchal Wou-Peï-Fou. Le gouvernement chinois (à supposer qu'il y
ait un gouvernement chinois) a eu le tort de leur
laisser des canons et des fusils. Le maréchal Tchang-Tso-Lin a déclaré que le maréchal Wou-Peï-Fou
était le chef des rebelles; le maréchal Wou-Peï-Fou
a décidé que le maréchal Tchang-Tso-Lin était le
chef des brigands. Et chacun, à la tête de son
armée, marche présentement, non pas contre l'autre, mais contre le gouvernement, qui se trouve théoriquement dans Pékin. Ce n'est pas un combat que
cherchent ces guerriers; c'est une course qu'ils font.
Le premier arrivé n'attendra pas l'autre ; il bombardera un peu Pékin, juste ce qu'il faut pour convaincre les pékins de la supériorité des militaires.
Après quoi, il instituera un gouvernement régulier et légitime ; l'autre maréchal, celui qui aura
perdu la course, s'en ira en province, où il établira
un gouvernement insurrectionnel. Heureusement, la
Chine est grande et plusieurs armées peuvent y

manœuvrer pendant des siècles sans jamais s'y rencontrer.

La France, c'est plus petit.

Un jour, nous avons eu un général illustre, à qui le gouvernement avait eu le tort, après la victoire, de laisser des fusils et des canons ; par surcroît, on avait omis de le guillotiner, suivant une coutume qui commençait à passer de mode (malheureusement, car l'exécution de Napoléon eût démontré la supériorité de l'arme blanche sur les armes à feu). Napoléon profita de cette double omission pour aller trouver le gouvernement à Saint-Cloud, le flanquer par la fenêtre et s'installer à sa place.

On frémit en pensant à ce qui fût arrivé si, à cette époque, il y avait eu plusieurs Napoléons de même valeur et animés des mêmes intentions.

Et j'en arrive à bénir la sagesse de notre gouvernement.

Combien sage fut notre gouvernement, qui ne laissa d'autre arme entre les mains de nos maréchaux, après la victoire, que la dérisoire épée ballottant au flanc des académiciens !

Combien prévoyants furent nos hommes d'Etat qui offrirent des bourses de voyage à nos chefs vainqueurs, envoyant Joffre au Cambodge, Mangin au Pérou, Foch aux Etats-Unis et répartissant sur divers paquebots les plus agressives de nos gloires nationales !

Ainsi tout se passera tranquillement lorsque Sidi ben Lyautey, maréchal de France et empereur du Sahara, viendra rendre sa visite à M. Millerand, en compagnie de quelques harkas nécessaires et suffisantes à la fondation d'une dynastie provisoire, comme le fut celle de Napoléon.

BOUM !

Depuis ce matin, c'est un sacré vacarme guerrier et maritime. La canonnade n'arrête pas. Ils sont six navires plus ou moins croiseurs et cuirassés qui tirent sur un malheureux sabot envasé dans la baie du Guildo.

Depuis huit jours, des affiches blanches, émanant d'un comité officiel d'hygiène et de prophylaxie, ont prévenu les habitants de la côte qu'il serait malsain de se promener du côté où pleuvent les obus émanant des « exercices de tir réel », et antihygiénique au premier chef de ramasser les projectiles non éclatés avec l'idée de les rapporter à Paris comme souvenir de la plage.

C'est très bien ; et il est assez amusant, pour les amateurs d'émotions qui regrettent le printemps de 1918, de venir se faire bombarder en pleine paix au bord de la mer (les Parisiens pacifiques se contentent d'être fusillés dans les hôtels).

Mais je pense que les croiseurs de la baie du Guildo perdent leur temps et leur poudre. Ils feraient œuvre beaucoup plus utile en allant bombarder, jusqu'à complet anéantissement, les arsenaux de la marine qui sont à Toulon et à Lorient.

Parce que ces ateliers maritimes sont devenus extrêmement dangereux, à la suite d'une découverte faite par le Parlement et publiée par les journaux... Le Parlement a découvert que les ouvriers des arsenaux ne sont pas embauchés pour les constructions navales nécessaires, mais que les constructions navales sont nécessaires pour donner du travail aux ouvriers des arsenaux. De telle sorte que, les ouvriers manquant de travail, le Parlement élabore un vaste plan de constructions navales.

Or les bateaux de guerre, c'est comme les canons :
à force d'en fabriquer, on finit fatalement par avoir
envie de s'en servir...

Les ouvriers des arsenaux sont fort intéressants,
mais on pourrait certainement les utiliser ailleurs
que dans les arsenaux. Ils pourraient, par exemple,
fabriquer des bateaux qui auraient d'autres ambitions que de faire sauter les autres bateaux, et une
autre destination que le fond de l'eau.

Ils pourraient fabriquer des bateaux qui emmè-
neraient les touristes aux îles Fidji, les amateurs de
boxe à Jersey-City et les fonctionnaires coloniaux
dans les endroits où ils ont coutume de se promener
sous des casques de liège... Ils pourraient fabriquer
des bateaux qui apporteraient en France du charbon, des morues, des bananes, du café, du coton et
des choses bonnes à manger.

Je ne méconnais pas l'utilité des bateaux de
guerre en temps de paix. Nous leur devons Pierre
Loti, Claude Farrère et, par conséquent, de drôles
de petites illusions sur le Japon considéré au point
de vue littéraire et théâtral. Encore me semble-t-
il prouvé que Claude Farrère et Pierre Loti eussent
pu écrire leurs beaux livres à bord d'un simple
caboteur, d'un bateau-mouche ou plus simplement
sur la terre ferme, comme fit le bon Jules Verne.

Mais, en temps de guerre, la flotte me paraît un
paradoxe coûteux, explosible et submersible à titre
définitif.

De deux choses l'une : ou bien vous vous battez
contre un peuple continental : ou bien vous vous
battez contre le peuple naval.

Si vous vous battez contre un peuple continental, la seule chose que vous ayez à faire, pour éviter
des frais inutiles, c'est de transformer vos cuiras-

sés en bateaux-lavoirs et d'envoyer vos navires rejoindre votre cavalerie dans les tranchées.

Si vous vous battez contre le peuple naval, de deux choses l'une : ou bien vous tenez à conserver votre flotte, ou bien vous n'y tenez pas.

Si vous tenez à conserver votre flotte, vous la serrez bien précieusement dans une rade aussi étanche que le canal de Kiel ; et, alors, c'est exactement comme si vous n'aviez pas de flotte.

Si vous ne tenez pas à conserver votre flotte, vous l'envoyez froidement en haute mer. Et, bientôt, c'est exactement comme si vous n'aviez jamais eu de flotte.

Vous démontrez ainsi que le peuple naval est plus fort.

Mais c'est une démonstration qui a déjà été faite, péremptoirement, du côté de Trafalgar.

P. P. C.

J'apprends avec une vive satisfaction que M. le ministre de la guerre a décidé la suppression du 6° régiment de hussards, qui se tient à Marseille.

Ce n'est pas que j'en veuille particulièrement à l'uniforme des hussards, qui était bien beau sous l'Empire, ou à l'arme de la cavalerie, qui m'est plutôt sympathique parce qu'elle est presque inoffensive en temps de guerre. Mais, précisément, la cavalerie est un article de luxe. N'importe quel colonel d'un régiment d'infanterie ou d'artillerie vous dira qu'un régiment de cavalerie ne sert absolument à rien... Or la République, qui est financièrement incapable de subvenir aux besoins des poètes fervents et des savants austères, n'a pas besoin d'entretenir des gigolos à brandebourgs pour l'ornement des bals de préfectures.

Jadis, avant l'invention des chemins de fer et des obus de haute précision, la guerre était essentiellement ornementale et décorative ; ses effets n'étaient pas des effets balistisques, mais de mise en scène. La cavalerie était vraiment l'élément dynamique de la guerre : quelques hardis et brillants cavaliers pénétraient dans une province ennemie ; la population masculine s'enfuyait ; la population féminine restait là pour les besoins de l'opérette (*Cf. Les Mousquetaires au Couvent, Le Petit Duc, Les Filles du Régiment et du Tambour-Major*). La conquête était dès lors assurée par les soins d'une tradition basée sur la cavalcade et qui en 1915, à ce que rapporte M. Barrès, faisait trembler Berlin sous l'écho lointain du galop des cosaques.

Cependant, l'infanterie s'immobilisait dans les villes ou autour des villes, suivant qu'elle appartenait au parti assiégeant ou au parti assiégé. Et l'artillerie, pendant des mois, appuyait consciencieusement l'infanterie.

Le rôle des grands sabreurs à traction quadrupède commença à devenir moins brillant lorsqu'on s'aperçut qu'un train va plus vite qu'un cavalier et même qu'un peloton de cavalerie ; et surtout lorsque l'expérience démontra qu'un sabreur dispersé en un certain nombre de fragments par l'explosion d'un obus (ou suffisamment perforé par le travail d'une mitrailleuse) était désormais incapable de poursuivre sa route au galop et d'atteindre son but avec son sabre.

Les militaires ne comprirent pas tout de suite. Les militaires ont l'intelligence lente et la tête dure. La cavalerie survécut miraculeusement à l'expérience de 1870. Et, en 1914, elle entra froidement en lice, prête à combattre, ma foi, comme au temps des Croisades.

Je suppose que M. Maginot eut la révélation du rôle exact de la cavalerie, un soir que, sortant de chez Maxim's, il aperçut un agent à cheval sur la chaussée, subséquemment équestre et saugrenu, et essayant en vain d'améliorer la circulation. A M. Naudin revient le mérite de cette démonstration par l'absurde.

Mais vous verrez que M. Maginot sera interpellé à la Chambre par les autres patriotes, et qu'on lui reprochera amèrement la suppression du 6ᵉ hussards.

Supposez en effet qu'une flotte barbaresque pénètre dans le port de Marseille et soit immobilisée là par une forte gelée... Pourquoi ne serions-nous pas en droit d'attendre du 6ᵉ hussards un exploit analogue à celui qui immortalisa la cavalerie du général Pichegru ?

NI FLEURS, NI COURONNES

Nos plus illustres stratèges honoraires font maintenant l'article nécrologique. Ils pleurent la disparition « regrettable et pénible » de quarante-cinq régiments condamnés par un ministre de la guerre « qui en use avec l'armée comme faisaient Louis XIV et Louis XV ». Certes, ils émettent l'espoir qu'un jour on sera obligé de rétablir les unités dont l'arrêt de mort a été prononcé. Mais, en attendant, ils déplorent que « l'illustre passé de ces corps voués à une fin sans gloire n'ait pas suffi à les garantir contre des atteintes presque sacrilèges... Il ne faudrait pas déchirer avec cette désinvolture les pages les plus glorieuses de notre histoire militaire ; car qui sait si, dans l'état de désorbitation où se débat le monde, nous n'aurons pas à les évoquer quelque jour ? »

Un monde désorbité, au sens de la critique militaire, stratégique, contondante, perforante, balistique et explosive, c'est un monde dont les habitants n'échangent plus de coups de baïonnette ni de coups de canon.

Si nous sommes d'accord avec les Gardiens de la Flamme pour pleurer les régiments disparus, nous différons de sentiment sur le sens de cette disparition... A notre idée, c'est pendant la guerre, et non pendant la paix que ces régiments ont été sacrifiés : beaucoup d'entre eux ont même été tués plusieurs fois... Mais les Gardiens de la Flamme ne descendent pas à cette conception terre à terre : ce ne sont point les **hommes** qu'ils pleurent. Les corps enfouis peuvent se remplacer. Le Corps, le corps glorieux reste intact tant que subsiste le numéro symbolique.

Nous nous réjouissons au contraire chaque fois que la disparition d'un numéro met hors de danger plusieurs milliers d'êtres humains.

La suppression des hôpitaux et des prisons serait un heureux signe. Mais il ne dépend point encore des hommes de supprimer le crime et la maladie qui rendent nécessaires les prisons et les hôpitaux.

La suppression des casernes est possible et désirable. Car il dépend des hommes de supprimer la guerre. Dans ce domaine, c'est l'organe qui crée la fonction. La caserne n'est pas faite pour soigner le mal et réprimer le crime ; c'est à la caserne que le crime et le mal prennent naissance. Et si la caserne disparaissait, la prison et l'hôpital deviendraient peut-être inutiles.

Une caserne, c'est un endroit ou une dizaine de militaires tiennent le plus grand nombre possible de civils dans un état d'honorable servitude et de glorieuse captivité.

Une dizaine, tout au plus... Car les militaires sont fort peu nombreux, même dans l'armée professionnelle. C'est seulement dans les opérettes que les militaires se reconnaissent au costume. Dans la réalité, un tas de civils sont déguisés sous l'uniforme et presque tous les militaires sont chaussés de pantoufles... Il suffit de quelques militaires en pantoufles (ou même d'un seul militaire convenablement excité) pour que tous les civils aillent se faire tuer en tas, afin de faire reluire le numéro d'un régiment.

C'est cet astiquage mystique qu'envisagent les militaires ; ils voient le régiment dans un halo glorieux ; et ils ignorent la caserne, étant journalistes, académiciens ou officiers supérieurs. Les civils, au contraire, ont été à la caserne ; et puis ils ont fait la guerre.

Voilà pourquoi ils ne pleurent pas le régiment qui disparaît... Encore un que les Prussiens n'auront pas !

Le régiment est une grande famille... Non, pas tout à fait... C'est un orphelinat qui fait des orphelins.

Nous disions donc que les morts s'étaient fait tuer, justement, pour que leurs orphelins n'entrassent pas dans cet orphelinat...

UNE SUPPOSITION...

La cavalerie va être supprimée dans l'armée belge, à la suite d'une récente découverte par voie de supposition.

Après les grandes manœuvres, qui ont eu lieu
au mois de septembre dans la région de Vielsalm.
les arbitres ont eu quelque inquiétude sur l'exac-
titude du résultat officiel :

Une supposition que l'ennemi supposé n'eût pas
reçu l'ordre d'être anéanti par cette brillante
charge de cavalerie, est-ce que les chevaux et les
cavaliers n'eussent pas été préalablement anéan-
tis par les mitrailleuses (à supposer que de véritables charges de mitraille eussent accueilli la charge
fictive de cavalerie) ?

Tout l'art de la guerre est fait de suppositions
qui survivent parfois au résultat brutal. L'armée
vaincue suppose une victoire après sa défaite, et
les historiens enregistrent cette supposition. Avant
la bataille, on suppose l'arrivée de Grouchy. Après
la débâcle, on suppose la revanche. Après la victoire, on suppose une ère de bonheur et de prospérité... Il y a même des gens qui, partant pour aller
se battre, supposent qu'après eux il n'y aura plus
jamais de guerre... Les militaires auraient-ils vraiment de l'imagination ? Les militaires seraient-ils
les derniers des poètes ?

Il faut le croire lorsque l'on constate la survivance de la cavalerie, qui est un poème, qui est une
vision d'art, qui est la plus prestigieuse des suppositions militaires.

Depuis l'invention des armes à feu, toutes les
manifestations de la cavalerie sur les champs de
bataille ont abouti à des désastres. Car le boulet le
plus lent arrête le cheval le plus rapide avant que
le cavalier soit parvenu à portée de sabre sur l'artilleur. Mais toutes les charges de cavalerie sont
brillantes, populaires et photogéniques, car elles
sont enregistrées au départ, et non pas à l'arrivée...

Au départ, c'est-à-dire au moment où des hommes encore vivants sont sur des chevaux encore vivants.

Au début de l'avant-dernière guerre (celle qui précéda la guerre du Maroc, qui est la dernière des dernières), la cavalerie exécuta un fameux fait d'armes. Les Cosaques, d'un seul élan, se portèrent à cinq étapes de Berlin. Pour une charge, c'était une fameuse charge... C'était même une bonne charge... Ce fait d'armes fut accompli sur le terrain des suppositions, terrain fertile où, de 1914 à 1918, fleurirent les bégonias symboliques masquant la réalité des tombeaux.

Depuis, des militaires avisés s'aperçurent (au bout de quelques années) que les tranchées ne sont pas exactement idoines aux évolutions de la cavalerie...

Mais une supposition que la mode revienne aux combats en rase campagne... Gardons la cavalerie, qui est l'élément brillant de la guerre idéale, telle qu'elle devrait être si elle se faisait comme elle se fait sur les images.

Et puis, sans la cavalerie, il n'y aurait pas d'officiers de cavalerie. Et puis la cavalerie ne galope pas seulement sur les champs de bataille, par supposition; elle galope en réalité sur les champs de courses.

C'est une erreur de croire que l'institution des courses a pour but de préparer la remonte de la cavalerie française... Au contraire. L'institution de la cavalerie française a pour but de corser les programmes des Sociétés de courses, en y introduisant un élément comique. Un beau military à Auteuil est vraiment un joyeux spectacle, suivi d'une course passionnante de brancardiers.

Il faut conserver la cavalerie pour la remonte

des courses, de même qu'il faut conserver l'infanterie pour la remonte des kiosques à musique.

N'imitons pas les petits peuples qui veulent faire
les originaux et les excentriques. Supprimer notre
cavalerie pour faire comme la Belgique équivau-
drait à supprimer notre marine pour faire comme
la Suisse.

Supposez que la Belgique et la Suisse suppriment
leur armée (qu'est-ce qu'elles risquent?) Supposez
que les grandes nations imitent toutes ce dangereux
exemple...

Mais il faut nous arrêter là dans la voie des suppositions. Car la suppression des armées, et par
conséquent de la guerre, est la seule supposition
dangereuse parmi les suppositions militaires.

PRÉPARATION MILITAIRE.

La préparation militaire n'est pas seulement l'œuvre des pédagogues, des poètes de café-concert, des
sergents instructeurs de la caserne et des sergents
recruteurs du journalisme.

Les Grands Magasins collaborent activement à
cette industrie internationale ; ils s'occupent à
liquider les énergies, à solder les enthousiasmes sur-
vivants.

Le rayon de bimbeloterie patriotique tient une
place honorable dans les catalogues d'étrennes.

Voici la *Panoplie Boy-Scout*, qui marque un
début insidieux dans la carrière militaire, envisagée
provisoirement au point de vue musical et sportif.
Son prix est de 10 fr. 75 à 28 francs.

Voici la *Panoplie-Infanterie*, avec les accessoires
les plus variés et l'armement le **plus moderne : cas-**

que, fusil, baïonnette, masque contre les gaz, chargeurs et croix de guerre.

Est-ce par une ironie déplacée qu'à côté de la panoplie du fantassin français figure la *Panoplie Peau-Rouge*, avec le tomahawk, le couteau à scalper et la ceinture ornée de chevelures ?

Les Grands Magasins osent-ils donc assimiler les soldats aux sauvages ?

Voici qui est plus grave : au-dessous de la Panoplie Peau-Rouge, qui coûte de 21 à 65 francs, nous trouvons la *Panoplie du Maréchal de France*, qui coûte seulement 19 fr. 25 à 55 francs.

Les parents trop pauvres ou trop économes pour offrir à leur gosse le costume de « Bas-de-Cuir » ou d' « Œil de Faucon » se contenteront de l'habiller comme le maréchal Joffre qui, arrivé à l'Académie par le sentier de la guerre, fume présentement sous la Coupole le calumet de la paix.

Mais voici qui est infiniment rigolo... A côté de ces panoplies guerrières s'étale la dernière nouveauté : la *Panoplie du Chef de Gare*, avec le drapeau, le sifflet, la sacoche et la casquette brodée où figure ce mot : Etat.

O perfidie de la satire ! Le chef de gare est-il donc assimilé au chef glorieux embusqué qui se garde bien de monter lui-même dans le train et qui, d'un geste de son drapeau, envoie tous les voyageurs à la catastrophe ?

Les autres pages du catalogue sont occupées par les armées des soldats de plomb.

Voici la *Bataille des Tranchées* (53 fr.), la *Manœuvre-Prise d'armes* (144 pièces), le *Camp plomb massif* et l'*Attaque par chars d'assaut*... Et les canons, et les fusils, et les mitrailleuses... Tout l'appareil, tout le matériel, tout le personnel de la gloire.

Il manque le Conseil de guerre (23 fr. 75), le Poteau d'exécution (haute nouveauté : 9 pièces) et le Cimetière militaire (53 croix démontables).

Allons; il ne faut pas désespérer de notre jeunesse. Nous verrons encore des gosses suivre les musiques militaires, des officiers caracoler au flanc des bataillons, de jeunes hommes prendre le train pour Berlin avec des fleurs au bout de leurs fusils.

Nous verrons encore des libertaires, apôtres de la fraternité, reprendre avec joie leur grade et mettre leur revolver d'ordonnance sous le nez de pauvres bougres encore étonnés des discours d'hier et des actes d'aujourd'hui.

Nous verrons encore d'humbles soldats sécher sur les fils de fer barbelés en offrant à la lune indifférente leur pauvre grimace de martyrs.

Nous verrons encore des cavalcades lugubres et bouffonnes...

Il y a quelques mois, je proposais la peine de mort pour l'inventeur d'un nouveau canon.

Je propose aujourd'hui une taxe de cent francs sur chacun des soldats de plomb mis en vente par les Grands Magasins.

De telle façon que, seuls, les bénéficiaires de la guerre puissent offrir à leurs enfants l'image insensible et glacée de ces combattants qui, croyant être les artisans de la gloire, furent les instruments de leur fortune.

PENSONS-Y TOUJOURS.

Avec l'appui du ministre de la guerre et la participation des bataillons d'artillerie d'assaut, on nous annonce aux environs de Paris, un cross-country militaire réservé aux tanks. Un cross-coun-

try, vous savez que c'est une course à travers la
campagne; un tank, tant mieux pour vous si vous
ne savez pas ce que c'est... C'est une machine diabolique, perforante, contondante, laminante et
explosive qui résume toutes les catastrophes de la
guerre et des chemins de fer; c'est un engin et c'est
un véhicule; c'est un produit bâtard de l'obus et de
la locomotive; c'est entré dans Troie avec une portée de guerriers grecs dans le ventre; et, avec des
faux sur les flancs, ça a traversé l'existence des frères
Macchabées, dont le nom est ainsi passé à la postérité.

Le ministère de la guerre, dont nous n'attendions
pas cette initiative, a ainsi choisi un fameux symbole pour l'éducation des générations nouvelles. Le
cortège des chars d'assaut à travers la campagne
pacifique est un fameux remède contre la mortelle
faculté d'oubli qui, au lendemain du massacre, livre
la foule désarmée à de nouveaux massacreurs. Un
excès d'optimisme dans notre mémoire imagina-
tive nous porte à oublier ce que la guerre a d'hor-
rible pour ne plus nous souvenir que de son aspect
brillant et de ses résultats heureux.

Mais, si on remplace les défilés militaires en musique par des raids périodiques de chars d'assaut
à travers la banlieue, tout sera remis au point et
les écoliers recevront une exacte leçon de choses.
Enfants, voici les tanks qui passent; cachez vos
rouges tabliers !

Il faut même espérer que le ministère de la
guerre complètera son programme et que la démonstration projetée n'aura pas lieu seulement dans
la banlieue de Paris, mais dans la France tout entière. Pour qu'elle soit plus efficace, les tanks seront
munis de mitrailleuses en pleine activité et montés

par des officiers supérieurs ou généraux qui, entre deux étapes, logeront chez l'habitant.

Ainsi la manœuvre ne sera pas seulement commémorative du passé; elle sera instructive pour l'avenir.

A la suite de chaque raid, on portera au tableau quelques maladroits laminés par les tanks, quelques passants bousillés par les mitrailleuses, quelques maris victimes du billet de logement et du prestige de l'uniforme, quelques maisons aplanies et un certain nombre de champs de blé devenus carrossables.

Mais quelle admirable prime d'assurances ! Ces quelques victimes tuées annuellement pour l'exemple préserveront des millions d'existences humaines. Instruits non pas par le fallacieux souvenir d'une vieille gloire, mais par la réalité désagréable d'un spectacle récent, les assujettis ne songeront plus à pavoiser lorsqu'on songera à les diriger contre Berlin ou Petrograd.

Ils diront :

— Eh ! Eh !... Oh ! Oh !... Diable ! Diable !

Ce qui ne se chante pas sur l'air de: « *Fallait pas qu'y aille !*... Mais ce qui constitue déjà sur les paroles de *La Madelon de la Victoire* un énorme progrès littéraire et social.

DES GOUTS ET DES COULEURS.

On me l'aurait donné en mille; je ne l'aurais pas deviné.

Voici le sujet de la première grande enquête ouverte par la presse sur les grands problèmes de la paix : « *Quel sera, après la guerre, l'uniforme de l'armée française ?* »

On a consulté, non pas les tailleurs, mais les géné-

raux, qui ont gravement donné leur avis à M. Emile
Beer. On a consulté également M. Polybe, M. Barthou, et tous ceux qui, depuis quatre ans, se sont
distingués à l'arrière par l'élévation exceptionnelle
de leur morale et l'orthodoxie de leur doctrine.

Bien entendu, on n'a pas recueilli l'opinion du
général Verraux. Mais tous les lecteurs de l'*Œuvre*
savent que les préférences du général Verraux, en
temps de paix, sont pour la jaquette ou le complet-
veston. Voilà pourquoi le général Verraux, bien
qu'il soit le seul général à écrire excellemment en
français, sera seul à ne pas revêtir l'uniforme de
l'Académie Française.

N'allez pas penser que cette question de costume
est futile ou indifférente. N'imitez pas ce roi de
Naples qui, parlant avec découragement de ses soldats, avait coutume de dire : « Habillez-les en
rouge, habillez-les en bleu, habillez-les en jaune,
ils f... toujours le camp... »

Infiniment plus avisé était le beau-frère du roi de
Naples; l'empereur Napoléon estimait en effet que
l'habit fait le moine, que l'uniforme fait le soldat,
et que le rouge excite les taureaux au combat. Ainsi,
il avait combiné pour ses guerriers toute une série
de costumes théâtraux, et il entretenait l'héroïsme à
grand renfort de plumets, de chamarrures, d'éperons sonnants, de bottes montantes et de pantalons
collants.

Et c'est aux plumets, aux chamarrures, aux pantalons collants et aux bottes montantes que nous
devons le militarisme boche, cet esprit de corps
élevé jusqu'à l'esprit de caste par l'adulation des
femmes et pour l'humiliation des hommes. Ainsi,
les officiers boches ont pensé qu'ils étaient des êtres
exceptionnels parce qu'il étaient vêtus d'étoffes

voyantes, et harnachés de métal bruyant; et ils
ont voulu nous le démontrer.

Nous devons à l'avenir éviter cette erreur. Les
Boches étant désormais réduits à l'impuissance,
notre armée se contentera d'être une gendarmerie:
ses représentants se contenteront d'un uniforme
sobre et de bon goût, comme celui des gendarmes et
des gardiens de la paix. Cet uniforme montera, tout
au plus, l'imagination des cuisinières, ce qui limi-
tera le domaine des catastrophes possibles.

Les maréchaux et généraux, sous le pacifique
habit vert (car l'habit fait aussi l'académicien) se
livreront aux jeux inoffensifs du Dictionnaire.

Et un jour par an, il sera permis à tous les Français de se costumer en marchands de vulnéraire,
avec plumets et grands sabres: ou en amiraux
suisses, avec bottes et éperons.

Un jour par an... Par exemple, la veille du mer-
credi des Cendres.

LA GUERRE DE DEMAIN.

Une note du commandant Mongin au 3e groupe
d'aviation fait naître dans mon cœur pacifique des
espoirs sans doute démesurés.

Cette note se présente ainsi :

MOUCHES

« Il faut lutter par tous les moyens possibles
contre les mouches, surtout dans les services destinés à l'alimentation, tels que cuisines, mess, réfec-
toires et coopératives. Des pièges seront disposés à
cet effet et entretenus soigneusement dans ces locaux, ainsi que dans tous les bureaux. On ne peut
espérer faire disparaître les mouches, mais on peut

et on doit en tuer le plus possible. *Même, pour se distraire, les hommes doivent attraper les mouches* ».

Ça n'a l'air de rien, mais le commandant Mongin a trouvé tout simplement le moyen d'utiliser l'armée en temps de paix.

L'armée survivra à la guerre, car l'armée n'est pas seulement une institution; elle est une carrière.

La fonction crée l'organe; mais l'organe survit toujours à la fonction. Une guérite est placée auprès d'un banc peint fraîchement en vert et une sentinelle est placée dans la guérite. Ces trois éléments disparaîtront dans l'ordre suivant : 1° le banc ; 2° quelques années après, la guérite; 3° de longues années plus tard, la sentinelle... Nous portons encore à l'extrémité de nos vingt doigts les griffes dont la nature arma nos ancêtres pour les premiers combats de l'humanité: l'organisme social conservera longtemps encore des ongles devenus inutiles.

Mais la persistance de l'organe est dangereuse en ceci qu'elle peut faire revivre la fonction... La présence d'inférieurs qu'il faut commander justifie l'existence de supérieurs qui sont la raison d'être de l'armée. Encore faut-il que les supérieurs aient quelque chose à commander pour justifier la présence de leurs inférieurs.

Il convient donc de trouver pour les soldats une occupation pacifique, inutile, économique et inoffensive.

Cette occupation doit être inutile par tradition militaire.

Elle doit être économique, car nous sommes revenus des jouets coûteux tels que les avions, automobiles et constructions mécaniques.

Elle doit être inoffensive, car nous savons ce qu'il nous en a coûté de laisser les militaires jouer avec les armes à feu.

Il semble que la chasse aux mouches réponde à ces conditions essentielles. Comme le fait très justement remarquer le commandant Mongin, on ne peut espérer faire disparaître la race des mouches; par conséquent, les militaires auront toujours sous la main les éléments d'une distraction saine, hygiénique et sportive.

Cette guerre spéciale entretiendra l'émulation nécessaire à la hiérarchie : les meilleurs chasseurs de mouches porteront des insignes spéciaux. comme par exemple un cor de chasse brodé en or ou en argent sur la manche droite.

Elle entretiendra également l'activité bureaucratique qui fait la force principale des armées : des états spéciaux seront dressés chaque jour par les soins du sergent-major et du fourrier de la compagnie qui mentionneront le chiffre des mouches capturées et le nombre des mouches en subsistance sur les vitres de la coopérative.

Elle renouvellera l'esprit de famille au détriment de l'esprit de café... car ce sport militaire est aussi une distraction intime. Je ne sais pourquoi un proverbe ridicule déprécie les dames qui s'amusent à attraper des mouches aux heures les plus graves de leur existence : le goût de la chasse aux mouches dénote une certaine adresse manuelle jointe à l'activité d'un esprit observateur.

Et puis... montons plus haut... montons jusqu'au sommet de l'échelle... Je vois, sous la Coupole de l'Institut, deux maréchaux de France, pendant un discours de M. René Doumic, suivant d'un regard attentif les évolutions d'une escadrille de mouches prolongées par leurs soins de légers tortillons de papier.

Ce n'est pas le plus détestable usage qu'on puisse faire de la prose académique.

D'UNE FORME COLLECTIVE DE L'EUTHANASIE.

M. Michel Corday commente une brochure de M. le lieutenant-colonel Mayer, intitulée : *Plus de guerres ni d'armées*. Car l'antimilitarisme est à la mode parmi les militaires supérieurs, comme le socialisme parmi les millionnaires et l'antisémitisme parmi les israélites.

Précisément, le lieutenant-colonel Mayer appartient à la race qui produisit les prophètes.

Au cours de sa brochure, le lieutenant-colonel Mayer cite un passage d'une lettre écrite par le lieutenant-colonel Montaigne. Comme son nom l'indique, le lieutenant-colonel Montaigne s'efforce de penser; de même que, comme son nom l'indique, le lieutenant-colonel Mayer s'efforce de prévoir (ces deux fonctions étant en opposition avec l'état militaire et contraires à la discipline).

Le colonel Montaigne écrit :

« Comment aura lieu la prochaine guerre ? C'est bien simple. Une nation aura décidé l'extermination d'un autre peuple. Elle préparera en secret les substances nécessaires, et un beau jour ou une belle nuit, par un vent favorable, une nappe de gaz s'étendra sur tout le pays. Et ce peuple aura vécu. »

Voilà un beau rêve. Et déjà vous avez compris,

sans même avoir recours aux explications du colonel Mayer, que c'est la fin des armées et de l'appareil guerrier.

La guerre ne sera plus une chose tumultueuse, suppliciante, abominable. La guerre sera l'euthanasie des peuples; c'est-à-dire que la guerre sera la paix immédiate et éternelle.

Jusqu'à présent, la guerre fut barbare à la façon d'une cruelle opération chirurgicale pratiquée sans l'emploi bienfaisant des anesthésiques.

Avant, c'était l'appréhension continuelle sous l'emprise du cauchemar: l'œil ennemi qui guette, l'oreille ennemie qui écoute, l'épée de Damoclès qui va sûrement casser son fil, le patriotisme agressif, la revanche imminente, les revues, les parades, les défilés, la morne préparation, l'esclavage abêtissant de la jeunesse dans l'ergastule des casernes.

Pendant, c'était la souffrance de ceux qui saignent, la souffrance de ceux qui aiment, l'agonie de ceux qui meurent, l'agonie plus longue de ceux qui restent, l'attente éperdue, interminable, au milieu des écroulements.

Après, c'était la famine au camp des vaincus, la faillite au camp des vainqueurs avec la joyeuse perspective de remettre ça à la prochaine occasion.

Mais, demain nous aurons la guerre sans tambours ni trompettes; nous aurons la guerre sans douleur.

Une nappe de gaz, doucement poussée par le vent d'est, s'étend sur notre pays... C'est un linceul qui enveloppe la France endormie.

Il n'y a plus personne... Tout le monde y passe, même les militaires le plus supérieurs et les plus

professionnels. Le mécanicien du train spécial de
Bordeaux est étendu sans mouvement sur sa locomotive, et, dans le train, le gouvernement dort de
son dernier sommeil. C'est la guerre égalitaire que
rêvèrent vainement les utopistes. Mais les utopistes eux-mêmes ne rêvent plus. La crise financière est résolue; les autres crises aussi.

Voyez-vous, il n'est pas bon qu'un peuple vive
trop vieux. La vieillesse d'un peuple e t triste et
quinteuse; sa fin est cruelle, faite de déchirements
et d'infirmités. Ainsi périrent Babylone et Rome,
qui vécurent trop longtemps. Les Grecs lumineux
et les Maures conquérants ont laissé des descendants; mieux eût valu que seul demeurât vivant
leur souvenir.

Les peuples aimés des dieux meurent jeunes. Re-
mercions les dieux, puisque le canon ne nous empêchera plus de dormir et que nos yeux ne seront
plus offensés par la vue des héros obligatoires, contraints sous peine de mort de marcher joyeusement
au massacre.

Mangeons, buvons, aimons, car demain nous
mourrons; dépensons d'un cœur joyeux nos derniers assignats et, couronnés de roses, soucieux de
mourir en beauté, attendons d'un cœur paisible
que le vent d'est, soulevé par une haine misérable,
pousse vers nous le nuage libérateur.

CHAPITRE IV

LES MÉDECINS MILITAIRES

LES SCRUPULES DU TOUBIB.

J'ai reçu la visite du médecin-chef d'un dépôt du Sud-Est. Il venait me demander une consultation, ce qui est pour le client une agréable inversion des rôles.

— Monsieur, me dit-il, je voudrais bien connaître le sens exact de cette petite note officielle...

— Comment ! il y a encore des notes officielles ?... Ah ! j'y suis, c'est la note par laquelle le docteur Clemenceau somme ses confrères de guérir leurs malades ou d'en finir avec eux dans le délai de trois jours.

— Vous n'y êtes pas du tout...

Le toubib me tendit une feuille imprimée, où un nom seul était manuscrit, et dont le texte se présentait ainsi :

« L'attention du sous-secrétaire d'Etat au service de santé a été attirée sur le cas du soldat X... Le médecin-chef est prié de procéder à un examen spécial et de rendre compte. »

— Eh bien, dis-je au médecin, mon diagnostic es!

facile à poser : il s'agit d'un cas pathologique exceptionnel que la sollicitude du sous-secrétaire d'Etat soumet à vos lumières spéciales.

Le médecin secoua la tête.

Chaque jour, en moyenne, je reçois trois notes semblables. Il en est de même pour tous mes confrères mobilisés comme médecins-chefs de dépôts ou de formations sanitaires. Nous en devons conclure que l'attention du sous-secrétaire d'Etat est attirée chaque jour sur deux ou trois mille cas spéciaux, mais qui présentent tous un caractère commun...

— Lequel ?

Le toubib baissa la voix :

— En général, le soldat X... épinglé à la petite note, n'est atteint d'aucune maladie réelle.

— Evidemment; sans cela, la petite note serait inutile.

— Mais lorsque je rends compte de mon examen spécial, on s'étonne de ce que je n'aie rien trouvé... Alors, je me demande si je ne devrais pas trouver tout de même au soldat X... une maladie spéciale; par exemple un cas de népotisme chronique et héréditaire.

— Gardez-vous-en bien. N'allez pas croire que le favoritisme sévit à l'état endémique dans l'armée. Au contraire...

— Mais alors, que signifie la petite note ?

— Rien du tout. Absolument rien. C'est une paperasse comme les autres paperasses. Faites-en des boulettes ou des ordonnances. Ne vous agitez pas, et revenez me voir dans six mois. Je crois pouvoir vous promettre que ça ira mieux...

D'UNE HUITIÈME ARME.

Un de nos collaborateurs parlait l'autre jour d'un officier qui **n'avait** pas de sabre pour une prise d'armes, où il devait jouer un rôle important: car, dans cette guerre, le sabre ne sert à rien pour gagner une décoration; mais il est indispensable aux héros le jour où ils doivent recevoir **la** décoration qu'ils ont gagnée sur le champ de bataille. Ce sabre est décoratif comme celui du général Boum et platonique comme celui de M. Prudhomme.

Or, un de nos lecteurs mobilisés m'écrit qu'il met son sabre à la disposition de l'officier combattant pour le jour solennel... Il a un sabre, lui, un sabre de cavalerie, un sabre énorme, impressionnant, qui ne lui sert à rien et qui même lui fait un peu peur.

Car mon correspondant est dentiste... dentiste militaire.

Le Service de santé manque de matériel dentaire; il ne donne pas à ses dentistes les instruments qui leur sont nécessaires : mais il leur donne des sabres, et quels sabres !

Ainsi, le dentiste militaire offre son sabre à l'officier combattant. Il serait reconnaissant à l'officier combattant si celui-ci, en échange, pouvait lui procurer le plus modeste davier ou la plus archaïque clef de Garengeot. Et il met visiblement quelque ironie dans sa proposition.

Il a tort, grand tort.

Car l'administration, en donnant des sabres aux dentistes, se montre respectueuse de la logique et de la tradition.

Vous souvient-il des temps héroïques de l'art

dentaire, du temps où il était nomade comme jadis l'art dramatique, et courait les grands chemins sur un char plus reluisant, comme celui de Thespis ?

Sur la place publique, du haut de son carrosse où tant d'or se relève en bosse, le dentiste haranguait les foules. Le dentiste était vêtu en général péruvien; il était armé d'un sabre, signe distinctif de son grade élevé. Et il arrachait les dents avec son sabre; et en musique.

Ainsi l'art dentaire, à cette époque, était militaire et héroïque.

Un sabre suffisait aux arracheurs de dents pour l'extraction des molaires. C'est ce que l'administration du Service de santé a excellemment compris. Est-ce la faute de l'administration si nos dentistes dégénérés ne savent plus se servir du sabre ?

Je prie donc mon correspondant de garder le sien et d'apprendre à le manœuvrer. Je souhaite de tout mon cœur que ce sabre lui serve personnellement à l'occasion d'une prochaine prise d'armes.

A mon avis, tous les dentistes devraient être décorés.

Car pour arracher froidement une dent de la mâchoire inoffensive d'un de ses semblables, soumis et pantelant, il faut en vérité plus d'héroïsme qu'aucun héros n'en montra jamais dans l'atmosphère enfiévrée des combats.

OU DIAFOIRUS REND SES GALONS.

Avec un respect ironique, le *Moniteur Médical* salue la disparition du « Caducée », organe des médecins militaires, et laisse entendre que la suppression de l'organe déterminera la suppression de la fonction.

Dieu veuille que ce diagnostic soit exact !

Dans une société civilisée, que doit être l'armée ? Rien... Admettons (par force) qu'elle soit quelque chose en temps de guerre. Nous ne pouvons supporter que l'armée, en temps de paix, prétende être tout et le reste.

Or l'armée, qui représente la force et qui s'imagine incarner l'idéal de l'administration, veut encore incorporer deux facultés qui dans leur principe lui sont étrangères. Ces deux facultés sont le Droit et la Médecine.

L'armée a ses juges; elle a aussi ses médecins. D'une part, une sanglante bouffonnerie; d'autre part, une dérisoire mascarade.

Nous savons trop ce qu'est la magistrature militaire. Trop souvent, nous avons vu les juges bottés condamner la justice au nom de la discipline; à ce point de vue supérieur, le supplice de l'innocent peut servir d'exemple aussi bien que le supplice du coupable; et l'irresponsable attaché à un poteau fait aussi bon effet que le criminel conscient, lorsqu'il s'agit de rehausser jusqu'au « garde à vous ! » le moral déprimé des troupes... Nous venons de voir un conseil de guerre condamner à une peine platonique et dérisoire un officier aviateur qui avait seulement moissonné avec sa faucheuse aérienne quatre petits enfants... Quatre petits civils, fils de civils... J'attends, pour apprécier définitivement l'indulgence du conseil de guerre, le jour où le père d'une des petites victimes, se trouvant par accident soldat de deuxième classe, enverra seulement une paire de gifles à l'officier aviateur.

Les militaires ne peuvent être jugés que par des militaires. Ils ne peuvent être soignés que par des militaires. Ce sont les deux principaux dangers que courent les militaires en temps de paix.

Car les médecins militaires ne possèdent aucun principe de ces connaissances incertaines, aucun élément de ce vocabulaire hermétique qui déterminent la foi et la guérison chez le client civil.

Les médecins militaires ont fait leurs études militaires dans une école spéciale militaire de Lyon, où je suppose qu'ils ont appris l'escrime à la baïonnette et les principes de l'école de compagnie. Ils sortent de là sachant reconnaître une ampoule sur le pied d'un fantassin, un coup de pied de cheval sur la figure d'un cavalier et un coup de pied de Vénus sur n'importe quel soldat appartenant à n'importe quelle arme.

Le galon supplée au reste.

La valeur médicale des médecins militaires se mesure au nombre de leurs galons, comme se reconnaît la valeur professionnelle des militaires qui ne sont pas médecins.

Le galon, vis-à-vis des soldats, est un merveilleux agent thérapeutique... Le pouvoir de guérir se mesure au droit de punir... La plus effroyable colique néphrétique cède immédiatement lorsque le malade envisage un traitement de huit jours de prison. Et je suis persuadé que ce thaumaturge qui commanda avec succès au paralytique : « Marchez ! Vous êtes guéri » était en réalité un médecin-major.

En vérité, leur médecine n'est pas notre médecine, pas plus que leur justice n'est notre justice.

Je ne sais si je vous ai raconté cette histoire à

la fois réjouissante et macabre qui se passa au centre sanitaire de Tours, au début de la guerre.

Un major à quatre galons, s'était brûlé la cervelle dans son bureau pour des motifs restés inconnus. Un major à trois galons étant entré dans la pièce, découvrit le cadavre. Il sortit affolé et fit irruption dans la salle où se tenaient un certain nombre de toubibs plus ou moins galonnés.

— Un médecin ! s'écria-t-il... Qu'on envoie vite un planton chercher en ville un médecin !

Je dis comme lui...

Qu'on aille chercher un médecin en ville pour soigner les soldats malades...

Est-ce que l'adjudant de quartier n'est pas bon pour coller quatre jours de salle de police à ceux qui ne guérissent pas dans les délais réglementaires ?

PRÉSOMPTION D'ORIGINE.

Le professeur Sergent, membre de l'Académie de Médecine et spécialiste de la tuberculose a affirmé que la majorité des « sujets » qu'il a eu à examiner comme expert n'ont aucun droit à la pension, étant la plupart de « faux tuberculeux » ou des « tuberculeux d'avant-guerre ». A l'avis du docteur Sergent, une revision de la loi des pensions s'impose, et c'est le tuberculeux qui doit prouver que sa tuberculose est un dommage de guerre.

M. Maginot, ministre de la guerre, a répondu. M. Maginot, considéré comme polichinelle, m'a souvent amusé. Mais M. Maginot est un bon polichinelle. Vous démêlerez les meilleures intentions dans cette phrase (qui en effet doit être démêlée avec un démêloir) et dont la présomption d'origine est, à mon avis, une gueule de bois sensationnelle et de formation récente :

« En mettant à la charge de l'Etat l'obligation de faire la preuve contraire, en instituant, autrement dit, la présomption d'origine en faveur du demandeur en pension, le législateur de 1919 ne se dissimulait pas que, par le jeu de cette présomption, certaines pensions abusives pourraient être accordées, mais il a préféré ce risque à celui de voir privés de pension, comme cela arrivait trop souvent sous l'empire de la loi de 1831, de braves gens qui, faute de pouvoir faire la preuve qui leur était demandée, chose qui n'était pas toujours facile, se voyaient privés de la pension qu'ils avaient méritée. »

J'ai entre les mains une meilleure réponse. C'est la lettre d'un père. Si vous pouvez la lire avec sérénité, je vous félicite et je vous envie, car vous êtes parmi les forts.

« Monsieur, j'ai perdu mon fils l'an dernier, au jour anniversaire de sa 24e année. Cet enfant était superbe avant son incorporation, qui eut lieu en 1917 et fut suivie d'un entraînement intensif auquel il n'était nullement préparé.

« En avril 1918, avant d'être fait prisonnier avec son bataillon, il m'écrivait : « J'ai de l'eau devant et derrière; j'ai de l'eau dessus et dessous... » Je conserve pieusement ses pauvres vêtements qui ont vu tant d'eau et de misère; ils se sont souvent mouillés et séchés sur lui.

« A son retour, il resta dix-huit mois dans les hôpitaux; il fut réformé à 50 0/0 après enquête sur l'état de santé de sa mère et le mien. Il est heureux qu'aucun grincheux n'ait dit aux gendarmes que ma femme toussait un peu le matin et le soir (elle tousse bien davantage aujourd'hui sous son voile noir), mon fils m'eût été renvoyé sans pension parce que son état n'était pas dû à la guerre, mais bien à ses parents coupables d'avoir donné à l'armée un enfant malade et trompé ainsi les médecins-experts du conseil de revision. Peut-être même m'eût-on demandé des dommages-inté-rêts pour le risque de contamination que nous avions fait courir à l'escouade de mon fils.

« Dites-moi, monsieur, savez-vous ce que c'est qu'un faux tuberculeux ?... Un faux tableau est tout de même un tableau... Un faux tuberculeux doit être un tuberculeux qui n'est pas signé « Sergent, de l'Académie de Médecine »... Faux ou vrais, ils meurent abondamment tous les jours. M. Sergent, de l'Académie, voudrait qu'on diminuât ou supprimât leur modique pension. Ce serait un moyen d'activer leur trépas et d'obtenir rapidement leur disparition totale. Ces malades sont un scandale, car leur martyre visible amollit les cœurs au moment où il va falloir faire appel à d'autres futurs tuberculeux qui entreront dans la carrière quand leurs aînés n'y seront plus (ou du moins ne devraient plus y être).

M. Sergent devrait bien faire une contre-visite chez les papas et les mamans qui ont assisté ou assistent encore à la lente agonie de leurs enfants, retour de la guerre. Il découvrirait peut-être une maladie nerveuse nouvelle, qui se caractérise par un besoin impulsif de lever le pied, dans un geste rapide et répété, à la hauteur du coccyx du « Sergent » instructeur. »

Je suppose que M. Maginot approuvera les termes de cette lettre, qui expose clairement ce que M. Maginot a essayé de dire en un langage ministériel, administratif et pâteux. Il approuvera **tout**, sauf bien entendu le dernier paragraphe, qu'il voudra bien excuser en le mettant sur le **compte** d'un égarement dû à la douleur **paternelle.**

FIGARO AUX ARMÉES.

On joue aussi des vaudevilles sur le théâtre de la guerre.

En juillet 1916, un inspecteur à quatre galons, visitant un hôpital d'évacuation, formula ainsi son diagnostic : « Les cheveux sont trop longs. »

Mais ce fut le médecin-chef de l'hôpital qui trouva le remède. Un coiffeur fut demandé **d'ur**gence à la réserve du personnel sanitaire.

Un mois s'écoula : pas de coiffeur. **Les cheveux** continuèrent à pousser.

Vainement, la demande fut renouvelée à la fin d'août, puis au milieu de septembre. Le système pileux des blessés et infirmiers prit un tel développement qu'on leur interdit de sortir en ville. Et le médecin-chef désespérant de toucher un perruquier, envisagea avec terreur le retour du médecininspecteur.

Ce que voyant, un infirmier se dévoua :

— Passe-moi la boîte d'outils réglementaires... Je vais essayer.

Dans le civil, cet infirmier était conférencier mondain. Il se révéla tout de suite virtuose **du ra**soir et de la tondeuse. Et il se réjouit en son cœur; car la conférence mondaine ne nourrit pas son homme; et, maintenant, il avait **un métier sérieux** entre les mains.

Or, un beau matin, trois militaires, tout de bleu-

horizon vêtus, arrivèrent à l'hôpital **et s'annon-
cèrent** ainsi :

— C'est pour la barbe.

Puis ils exhibèrent des paperasses établissant leur qualité d'infirmiers-coiffeurs militaires, affectés par la direction à l'H. O. C. n° x/y.

La R. P. S., consultée télégraphiquement, répondit :

— Vous nous avez fait **trois** demandes de coiffeurs. Nous vous envoyons **trois** coiffeurs... **N'est-ce pas votre compte ?**

A cela il n'y avait rien à répondre.

Le malheur est que le conférencier mondain ne voulut pas consentir à céder sa place et à rendre sa boîte d'outils réglementaires.

Et voilà pourquoi, à l'H. O. C. n° x/y, il y a maintenant trois coiffeurs militaires qui en sont réduits à se raser entre eux et à se couper mutuellement les cheveux trois fois par jour, pour avoir l'air de faire quelque chose.

Et, cependant, ces trois coiffeurs sont très mal coiffés.

Car, dans le civil, l'un d'entre eux est garçon de bains; le deuxième, laveur de voitures, et le troisième place des huiles.

CHAPITRE V

JUSTICE MILITAIRE
ET CONSEILS DE GUERRE

RÉPARATIONS.

La justice militaire s'honore grandement en reconnaissant ses erreurs; mais, en même temps, elle reconnaît qu'elle a dépassé le degré de perfection au-delà duquel la justice cesse d'être juste : les tribunaux militaires, en effet, arrivent à faire avouer non seulement les coupables, mais encore les innocents.

Certes, au bon vieux temps, les magistrats arrivaient facilement à des résultats analogues : mais ils avaient à leur disposition le chevalet, les tenailles, les brodequins et divers autres instruments judiciaires assez perfectionnés pour l'époque. Le conseil de guerre dispose seulement d'une procédure dont la simplicité auguste et terrible semble dériver de la loi de Prairial.

J'oubliais : il dispose **aussi** des forces aveugles de la discipline.

Mettez-vous à la place du soldat à l'esprit simple, à l'âme soumise, au cœur résigné, qui comparaît devant des juges (mais surtout des supérieurs) à qui il doit la vérité (mais surtout l'obéissance).

Quelle que soit la bienveillance de celui qui l'interroge, croyez-vous que l'accusé est en situation de se défendre ?

Lorsque le colonel déclare : « Soldat Arrivet, à telle heure, tel jour, vous avez fait telle chose », croyez-vous que le soldat Arrivet aura l'audace de contrarier son colonel, de lui tenir tête, de lui démontrer qu'il s'est trompé ?

Lorsque le colonel déclare : « Allons, avouez, soldat Arrivet ! » croyez-vous que le soldat Arrivet aura l'audace de refuser l'obéissance à cet ordre formel, ce qui aggraverait d'un crime réel son crime imaginaire ?

Alors, le soldat Arrivet se dit : « Le colonel sait mieux que moi... Du moment qu'il le dit, c'est que c'est vrai... J'avoue. »

En avouant, d'ailleurs, le soldat Arrivet ne risque rien.

A la vérité, il a passé deux ans en prison; il n'osera peut-être plus rentrer dans son village. Mais voyez quelles magnifiques réparations lui offre la Cour suprême par la voie du *Journal officiel* :

1° L'arrêt sera imprimé; 2° il sera transcrit sur les registres du conseil de guerre; 3° mention en sera faite en marge de la décision annulée.

Dans l'espoir d'aussi somptueuses compensations qui de nous, en vérité, n'accepterait d'un cœur léger une petite condamnation en conseil de guerre ?

L'ARMÉE DES CAMARADES.

Il y a eu, quelque part (ce n'est pas en Russie), un commandant inculpé d'escroqueries, complicité de recel, faux et prévarications.

Tout le monde a pu savoir, avant même que le conseil de guerre se fût réuni, que cet officier supérieur recevait des pourboires de son ordonnance. L'ordonnance était boucher de son état; le commandant, tout naturellement, était devenu marchand de bestiaux par procuration. Le soldat avait ainsi obtenu la fourniture de la viande pour les troupes de la région. Ce fut un fameux débouché pour les vaches tuberculeuses de la province et une récupération systématique des animaux crevés par suite de maladies. Les poilus se régalèrent de bidoche avariée; des centaines de mille francs sortirent des caisses de l'Etat pour passer dans le commerce. Le tout compliqué par des marchés fictifs, des pots-de-vin et des faux en écriture que le commandant n'eut même pas la peine de masquer. Car il était le chef de la censure régionale; les journaux se turent, sans qu'on pût les soupçonner de collusion; il nous plaît de constater, en cette affaire du moins, l'intégrité de la presse.

Le scandale éclata malgré tout. Il fit quelque bruit dans le monde militaire... Certes, les soldats s'intéressent vivement au sort de M. Turmel et à la santé de Bolo pacha, mais, à un moment donné, ils s'intéressent davantage à l'affaire du commandant; leur excuse est que l'affaire du commandant les touchait de plus près.

— On en a tout de même pincé un, se disaient-ils... Nous avons lu que, dans les premières années de la République, on coupa le cou à des fournisseurs de l'armée convaincus de concussion dans des affaires de fourrage... Si on a guillotiné des civils coupables d'avoir fourni de mauvaise nourriture aux chevaux de la République, quelle sera la peine infligée à un officier qui a favorisé l'empoisonnement des défenseurs de la patrie ?... Et le seul fait d'avoir sciemment dilapidé un or aussi précieux que le sang des soldats ne constitue-il pas un acte de trahison ?

Les esprits juridiques posaient le dilemme suivant : ou le commandant est innocent, et alors il faut l'acquitter; ou bien il est coupable,et alors il faut appliquer la jurisprudence de l'an II.

Or voici la réponse du conseil de guerre : le commandant est coupable; et ça vaut un an de prison avec sursis. Par un juste sens des proportions, le boucher-ordonnance écope de six mois de prison; à peu près le tarif appliqué au malheureux poilu qui a prolongé sa permission de vingt-quatre heures.

En temps de guerre, la plupart des civils soupçonnés de quelque méfait sont jugés par les tribunaux militaires.

Il est regrettable que le commandant dont la fatalité fit un censeur et dont le mauvais sort des poilus fit un marchand de bestiaux, n'ait pas été jugé par un tribunal composé de civils... de civils ayant un fils sous les drapeaux.

L'AUTRE JUSTICE

Le chef de bataillon Ligier, commandant la S. S. E. M. du G. M. P. (car ce genre de devinettes a survécu à la guerre) est un homme bien raisonnable.

Les soldats du commandant Ligier étaient victimes de vols qui se produisaient régulièrement et systématiquement dans les chambres. Par une étrange confusion entre la morale civile et la morale militaire, les volés avaient cru pouvoir se plaindre à leurs supérieurs.

Le commandant de la section des secrétaires d'état-major (telle est la solution de la devinette) a fait connaître sa décision :

DÉCISION DU COMMANDANT DE LA SECTION

La question des vols étant réglée d'une façon définitive à partir de ce jour par le chef de bataillon et les hommes devant obligatoirement avoir leur paquetage au complet, il est donc inutile de faire des rapports de vols.

Tout homme qui ferait un rapport en ce sens pour quelque motif que ce soit serait immédiatement présenté au chef de bataillon qui lui infligerait une punition très sévère.

Le chef de bataillon commandant la section :

Signé : LIGIER.

En somme, il n'est pas absolument défendu d'être volé ; il est défendu de se faire prendre. Les « S. E. M. » déclineront l'honneur d'être « présentés » à leur commandant, encore que cet officier supérieur, capable d'établir l'harmonie dans la caverne de Platon et la discipline dans la caverne d'Ali-Baba, incarne l'idéal de la justice militaire.

Dans le civil, nous avons d'étranges préjugés concernant les attentats contre les personnes et contre les biens ; nous appliquons à rebours des sanctions illogiques, de telle sorte que nous perpétuons les procédés des voleurs et la race des assassins.

Ainsi, lorsqu'un monsieur, dans la rue, flanque une volée à un autre monsieur moins fort, c'est le battu qui touche une indemnité, et c'est le vainqueur qui va coucher au poste... Solution contraire à la méthode de sélection naturelle exposée par Darwin et d'après laquelle le plus fort doit être encouragé à avoir toujours raison.

Les militaires sont plus logiques : lorsqu'une armée flanque une pâtée à une armée moins vigoureuse, ce sont les représentants de la nation battue qui deviennent prisonniers, et c'est la nation battue qui paie une amende au vainqueur.

Même contraste si on considère les attentats contre les biens.

La justice des civils, lorsqu'elle s'occupe d'un vol, ne trouve rien de mieux que de poursuivre le voleur. D'abord, le voleur n'est pas facile à attraper ; ensuite, la condamnation d'un voleur n'a jamais découragé les autres.

La justice des militaires, au contraire, consiste à punir les volés. Les volés sont beaucoup plus faciles à pincer que les voleurs car ils sont moins discrets... La jurisprudence du commandant Ligier est conforme à celle du général d'Amade, qui le premier (en 1916, je crois) formula le principe liminaire ; de même que, dans les casernes de la région du Mans, il ne fut plus question de vols pendant la guerre, de même, suivant la forte parole du commandant Ligier, la question des vols est réglée d'une façon définitive au S.S.E.M. du G.M.P. pour la durée de la paix.

Si nous appliquions la même méthode dans la répression des vols civils, en infligeant un mois de prison au plaignant et la relégation en cas de récidive, nous pourrions bientôt supprimer les magistrats, envoyer les gendarmes pêcher à la ligne et consacrer au yachting les bateaux qui font le service entre Cayenne et la Rochelle. Personne ne se plaignant plus, les vols seraient inaperçus et par conséquent inexistants.

Et chaque volé, philosophiquement, complèterait son paquetage aux dépens de ses voisins, suivant la règle appliquée au S.S.E.M. du G.M.P., depuis la décision du chef de bataillon.

Car il est défendu, selon la morale militaire, d'avoir un paquetage incomplet. Il n'est pas défendu de compléter son paquetage.

L'INCOMPÉTENCE MILITAIRE.

(Lettre familière à Paul-Boncour).

En voyant ton portrait à la première page des journaux, j'ai appris avec joie, mon vieux camarade, que tu étais nommé président de la commission d'études du Conseil Supérieur de la Défense Nationale... Ce qui te confère le grade de commissaire supérieur aux armées... l'armée étant considérée comme une machine-outil d'un genre perfectionné, et non plus comme une grande famille à la mode spartiate.

La fonction de commissaire aux armées est importante et efficace à condition que le commissaire, selon la règle primitive du jeu, ait le droit de faire guillotiner les généraux. Ça embête les généraux d'être guillotinés; car c'est le seul risque sérieux qu'ils aient jamais couru en temps de guerre. Alors ils font attention. Mais un commissaire aux armées qui n'a pas le droit de guillotiner les généraux n'est jamais pour eux qu'un civil, et un civil, pour un militaire, ça n'est rien du tout.

Alors il ne faut pas que tu apportes dans ta fonction des préjugés civils et l'idée que tu vas pouvoir tout chambarder. D'abord, mets-toi bien dans la tête que l'organisation militaire, depuis les erreurs de la dernière guerre, a été mise au point; à un tel point qu'il est désormais impossible de perfectionner la perfection.

L'idée directrice (pardon : la Directive), la directive du nouveau Système peut se formuler ainsi: aucun technicien ou praticien civil, en cas de mobilisation, n'aura plus accès dans la spécialité à quoi ressortit sa technique ou sa pratique.

Par exemple, un cordonnier civil, sous aucun prétexte, ne pourra être incorporé dans la cordonnerie militaire. Car il risquerait, étant simple soldat, d'en savoir plus long sur le chapitre des cuirs que le colonel cordonnier, ce qui serait une fâcheuse atteinte à la discipline. Et puis il ferait, entre les pieds, des différences de pointure subtiles et civiles. Alors que le colonel cordonnier, ayant à chausser 4.000 hommes, commande 8.000 chaussures de 42 : s'il y a des pointures qui sont trop petites ou trop grandes, ce n'est pas la faute des chaussures, c'est la faute des pieds. Ceux qui ne sont pas contents, on les fout dedans; de telle sorte que tout le monde est satisfait.

De même, un cuisinier civil, pour les mêmes raisons, ne pourra être incorporé dans la cuisine militaire.

Le lendemain de la mobilisation, le cuisinier civil sera cordonnier militaire, et vice versa.

Il faut bien te mettre dans la tête qu'en cas de guerre les militaires professionnels n'ont qu'un désir : c'est que la guerre dure longtemps. En temps de paix, ils n'ont qu'un intérêt : c'est que la guerre recommence sur nouveaux frais.

Il faut comprendre, en outre, qu'une noble émulation règne dans les hautes sphères de l'armée. Chaque général a l'ambition de briller, et brille d'autant plus que les autres généraux font plus de gaffes... Aider les autres généraux à multiplier les gaffes, tel est le programme de chaque général. Mais ce n'est pas exactement l'intérêt supérieur de la défense nationale. C'est pourquoi ta tâche sera extrêmement compliquée.

Mais j'imagine que tu en as déjà apprécié les difficultés... On m'a raconté une histoire :

C'était en 1916. Un jour, il y avait dans les couloirs du Cherche-Midi un brigadier d'artillerie qui rouspétait, blasphémait les dieux du jour et prodiguait à ses supérieurs des marques évidentes d'irrespect.

Ce brigadier, qui portait la croix de la Légion d'honneur, était un grand savant dans le civil. Depuis le commencement de la guerre, il avait réalisé une invention dont l'expérience, depuis, a démontré la valeur et qui tend au repérage des canons par le son... Oui, depuis, l'armée française en a tiré grand parti (et surtout l'armée allemande, car c'est là un des petits inconvénients du Système). Mais, à cette époque, les généraux à qui le savant expliquait son invention ne voulaient rien entendre et ne cherchaient pas à comprendre. Alors le savant, exaspéré, avait laissé percer son admiration pour la bêtise de ces gens-là, et ces gens-là avaient aussitôt encadré le savant entre quatre soldats baïonnette au canon.

Il advint qu'un lieutenant passa dans les couloirs du Cherche-Midi et entendit les blasphèmes du brigadier. Il le prit vivement par le bras :

— Vous n'êtes pas un peu fou ? Vous allez vous

faire fusiller si vous continuez seulement pendant dix minutes.

Il le chambra dans un bureau et lui expliqua toute la philosophie du métier militaire.

Le lendemain, le savant, ayant promis de ne pas recommencer (il tint parole et n'inventa plus rien jusqu'à la fin de la guerre), était restitué à son régiment. On lui a désigné un poste flatteur pour la prochaine mobilisation : il sera chargé de surveiller certains charrois sur certaines routes.

Le brigadier récalcitrant s'appelait Charles Nordmann. Le lieutenant avisé s'appelait Paul-Boncour.

MINORITÉ DE FAVEUR.

Si nous reparlions un peu de la suppression des conseils de guerre, qui représentent toute l'absurdité militaire sous la forme de l'injustice légale et dissimulent le sabre de Ramollot sous la toge de Bridoison.

Les féroces conseils de guerre ont la vie aussi dure que les inoffensifs sous-préfets, et longtemps encore nous reparlerons de leur suppression. Mais, aujourd'hui, ce n'est pas leur férocité que je veux leur reprocher : c'est leur indulgence infinie, c'est leur mansuétude incroyable. Les juges militaires sont durs pour le soldat et disposés à faire de terribles exemples afin d'encourager la troupe à une stricte discipline; mais que des galonnés jugent d'autres galonnés, et toute leur rigueur s'efface. C'est la justice des camarades, qui se fait paternelle parce que (ici le jeu de mots s'impose) le coupable est jugé par ses pairs. Dans l'armée de mer, les capitaines naufrageurs comparaissent inévitablement devant un conseil de guerre qui les acquitte implacablement parce que le coulage, dans toutes les entreprises, est un effet de la fatalité. Dans l'armée de terre, vous voyez des officiers convaincus de méfaits qui conduiraient au bagne des malfaiteurs civils, mais qui, ne portant aucune atteinte à la discipline, ne sauraient entacher en rien l'honneur militaire.

Le plus récent jugement, qui constitue une sorte de record, est inséré dans quelques journaux sous une forme modeste et sous la rubrique : « Petites nouvelles des Départements » :

SOMME. — *Amiens.* — Le conseil de guerre acquitte à la minorité de faveur le lieutenant Lahitte, poursuivi pour faux, usage de faux et abus de confiance dans l'affaire des exhumations militaires.

Il s'agit d'actes particulièrement abominables, et la culpabilité de l'officier incorporé dans une bande de mercantis nécrophages ne saurait faire aucun doute, puisqu'elle est affirmée par la majorité de ses juges. Le conseil de guerre d'Amiens, par une sorte de pudeur, n'a pas osé s'accorder pour proclamer l'innocence du lieutenant Lahitte ; par un tour d'adresse affligeant, il a trouvé le moyen de le soustraire au châtiment de ses crimes ; car il ne faut pas briser la carrière d'un brillant officier.

Ainsi le lieutenant Lahitte, après avoir vendu du soldat mort, continuera à commander des soldats vivants, à les aligner et à leur faire couper les cheveux, et si un inférieur refuse de prodiguer au lieutenant Lahitte les marques d'un respect excessif, le lieutenant Lahitte pourra envoyer cet inférieur devant un conseil de guerre qui, cette fois, retrouvera son admirable unanimité.

J'espère du moins que le lieutenant Lahitte changera de garnison. Cette sanction a déjà été appliquée dans un cas semblable (avec cette différence que l'affaire précédente est amusante lorsqu'on la raconte; tandis que celle du lieutenant Lahitte est proprement révoltante lorsqu'on y songe un instant).

Il s'agit de l'affaire Irénée.

En 1905, un scandale sportif éclata sur l'hippodrome de Maisons-Laffitte. Une pouliche maquillée et qui s'était rajeunie d'un an courut sous un nom qui n'était pas le sien. Des inspecteurs de la Sûreté, envoyés sur l'hippodrome pour l'arrêter avant la course, l'arrêtèrent après qu'elle eût gagné : ainsi ils purent profiter du bon tuyau qu'ils avaient eu à la Préfecture. Le propriétaire-entraîneur de la pouliche réalisa un gros sac.

Le propriétaire-entraîneur de la pouliche Irène était un officier de cavalerie, le lieutenant D...

Sept ans plus tard, la pouliche, devenue jument, était encore sous séquestre. Quelques-uns de ses obscurs complices avaient passé par la prison. Le lieutenant D..., escroc principal, avait disparu.

J'eus l'occasion, à cette époque, d'écrire un article dans un journal du soir pour demander la libération de la jument Irène et sa réintégration dans ses droits hippiques, comme ayant agi sans discernement. J'émis le regret de ne pouvoir donner de nouvelles précises du lieutenant D...; j'émis cette hypothèse que (pour échapper à un conseil de guerre qui l'eût sûrement condamné) il s'était suicidé ou avait changé d'uniforme pour devenir porte-drapeau dans quelque milice sud-américaine.

Trois jours plus tard, je recevais la visite d'un petit homme épais, rougeaud et embaumant le vieux marc. C'était l'ancien lieutenant D..., qui, depuis l'affaire Irène, avait eu de l'avancement : il était devenu capitaine et avait reçu la croix de la Légion d'honneur... Pour faire oublier son affaire, on l'avait envoyé en garnison dans le Midi, et, pour se rappeler à mon bon souvenir, il venait me demander une réparation par les armes, sur les instructions de son colonel.

Malheureusement, si forte que soit la camaraderie militaire, le capitaine D... ne trouva pas dans la garnison de Paris deux officiers qui consentissent à lui servir de témoins...

Il doit être aujourd'hui général. Son honneur porte toujours une tache; non point parce qu'il a commis une escroquerie, mais parce qu'un civil a pu le railler impunément.

Vous voyez que la guerre n'a rien changé. Nos glorieuses traditions militaires sont toujours les mêmes.

Mais, pour que la justice militaire soit égale à elle-même, et puisque les soldats coupables sont jugés par des officiers, ne devrait-on pas faire juger par des simples soldats les officiers coupables ?

Douze soldats tirés au sort...

La masse de l'armée étant recrutée dans la masse civile, est-ce que douze citoyens tirés au sort parmi les soldats d'un régiment ne représentent pas exactement ce que nous appelons un jury ?

LA VÉRITABLE HISTOIRE DU LIEUTENANT LAHITTE.

J'ai commis une erreur aggravée d'une injustice en interprétant le jugement du conseil de guerre d'Amiens qui sembla condamner, tout en l'acquittant, le lieutenant Lahitte, impliqué dans le scandale des exhumations militaires.

On se rappelle le fait brutal : le conseil de guerre d'Amiens acquitta *à la minorité de faveur* le lieutenant Lahitte, traduit devant lui pour faux, usage de faux et abus de confiance.

J'interprétai ainsi le jugement : camaraderie militaire, complicité de galonnés.

Ainsi, je fus injuste envers le lieutenant Lahitte... et trop indulgent pour le conseil de guerre. Car cette affaire est un abîme d'iniquité, et c'est Lahitte qui est la victime.

Dès qu'il eut connaissance de mon article, notre confrère Perrigault, qui a suivi l'affaire depuis l'origine, fit près de moi une démarche qui m'émut profondément. Entre temps, j'avais reçu plusieurs lettres signées d'officiers, camarades du lieutenant Lahitte, et singulièrement troublantes pour ma conscience.

Or je viens de recevoir la visite du lieutenant Lahitte, grand mutilé de guerre, portant son dossier comme un martyr porte sa croix, et gravissant l'escalier de l'*Œuvre* comme une des dernières étapes de son calvaire.

Doucement résigné, il ne me fit aucun reproche. Il me dit :

— Je sais que vous avez été abusé... et puis j'ai l'habitude. Mais, tout de même, je voudrais bien qu'on sache.

Voici l'histoire, qui dégoûtera peut-être les gens de se faire tuer :

Il y a deux ans, le lieutenant Lahitte, qui avait perdu un œil dans les tranchées où il avait gagné cinq citations (il a reconnu depuis qu'il n'y a pas compensation), fut affecté au service des sépultures. C'est un emploi où plus d'un habile homme, civil ou militaire, a trouvé moyen de ramasser beaucoup d'argent, sans aucun risque; car il suffit de se baisser pour renouveler le geste de Thénardier.   •

Or le lieutenant Lahitte, n'ayant point voulu se baisser, courut des risques plus graves que ceux ont il avait été victime lorsque le front, aujourd'hui peuplé de morts, était agité par les vivants.

Des entrepreneurs haut placés tentèrent d'agir sur lui par suggestion; il ne comprit pas.

Des supérieurs haut galonnés lui firent alors tenir des instructions qui devinrent bientôt des ordres; il fallait faciliter, en fermant les yeux, le commerce des entrepreneurs.

Le lieutenant Lahitte désobéit aux ordres supérieurs: mais ce n'est pas pour désobéissance qu'il passa devant le conseil de guerre.

Un de ses chefs lui avait dit, avec une grande bienveillance :

— Prenez garde. Si vous vous obstinez, il vous arrivera des ennuis.

Le lieutenant Lahitte était obligé de tenir une comptabilité pour la main-d'œuvre dont il avait la direction. Sans y attacher autrement d'importance, il avait inscrit une dactylographe parmi les terrassiers, afin d'éviter la confection d'un « état » spécial. La dactylo émargeait donc comme terrassier.

Le prétexte était bon. Le lieutenant Lahitte fut poursuivi pour faux et usage de faux. Ainsi, on se débarrassait du gêneur.

Par surcroît, le lieutenant Lahitte fut mis en demeure de justifier, non pas seulement par pièces comptables, mais par témoignages directs des intéressés, d'une somme de 23.000 francs qu'il avait distribuée en salaires... Cette somme était répartie sur un temps de dix-huit mois et les terrassiers ne tiennent pas de comptabilité personnelle. L'enquête n'apporta aucune précision; néanmoins, le lieutenant Lahitte fut inculpé d'abus de confiance.

L'instruction dura six mois. On fut pourtant obligé de juger l'officier... Et les membres du conseil de guerre, par leur jugement, furent bien obligés de rendre vraisemblables les poursuites. L'inculpation de faux ayant été abandonnée, ils donnèrent satisfaction aux animateurs du procès en organisant une minorité de faveur sur la question d'abus de confiance.

Ardemment, le lieutenant Lahitte plaidait « non coupable ». Il ne fut pas secondé par son avocat, officier supérieur dans le militaire, qui se contenta d'invoquer les blessures de son client, afin que l'arrêt parût dicté par la pitié.

Le lieutenant Lahitte ne doit aucun remerciement à ses juges. Et même, acquitté, il leur demande quelque chose de plus.

Le lieutenant Lahitte, innocent, a été poursuivi à la place d'un coupable. Il voudrait bien, aujourd'hui, s'effacer devant un supérieur.

Et le ministre de la guerre apprendrait certainement des choses intéressantes si, dédaignant les encombrements de la voie hiérarchique, il consentait à accorder une audience personnelle au lieutenant Lahitte.

L'ERREUR.

L'erreur, ce ne fut pas de fusiller à Vincennes six soldats innocents; non, à Vingré, ce fut seulement un crime qui fut commis; et nous n'en sommes pas à compter les crimes inspirés par le dieu de la guerre.

L'erreur, l'erreur capitale, lourde de conséquences dans le présent, grosse de catastrophes pour l'avenir, c'est de faire passer le lieutenant Paulaud devant un conseil de guerre présidé par ce colonel Potiron de Boisfleury (dont le nom a certainement été inventé par Courteline)... Oui, ce jugement est une erreur, même si on le considère en réalité comme la reprise d'une de ces comédies esterhaziennes qui eurent tant de succès à l'époque de l'Affaire.

Voici un lieutenant Paulaud qui, préférant n'être point tué, donne l'ordre de repli ou l'exemple de la panique. Les plus grands chefs ont su ordonner de sages replis et exécuter des retraites glorieuses. Mais un repli se distingue d'une panique en ceci que des troupes qui se replient marchent au pas et le casque sur la tête. Or les soldats du lieutenant Paulaud revinrent nu-tête et au trot. Ils se mirent ainsi dans le cas d'une panique. Le lieutenant Paulaud déclara que ses hommes « s'étaient débinés » et se mit aussitôt à débiner ses hommes. Car le lieutenant Paulaud, comme nous l'avons dit, préférait n'être point tué en personne. Il se fit donc fusiller par procuration. Il fallut six hommes, après marchandage, pour faire la monnaie du lieutenant Paulaud.

C'est normal et régulier. Pendant toute cette guerre, les grands patriotes se sont fait tuer par procuration. Le malheur, c'est qu'on ait cru devoir évoquer à Clermont-Ferrand les spectres des victimes mortes et le souvenir d'une affaire enterrée, portant ainsi atteinte à l'autorité de la chose jugée et à l'infaillibilité de la justice militaire.

...Portant même une atteinte mortelle au principe d'autorité qui est la base de la discipline, laquelle est la force principale des armées.

Car on n'a pas craint de rapporter publiquement devant le colonel Potiron de Boisfleury, on n'a pas craint de publier dans certains journaux(peu nombreux fort heureusement) ces notes du dossier Paulaud.

« Officier fanfaron qui s'est fait valoir sur le dos de ses hommes.

« Officier peu intelligent, bien qu'il n'ait pas conscience de son manque d'intelligence ».

Avez-vous réfléchi que d'anciens soldats, que de futurs soldats, que des soldats en activité de service auront fatalement connaissance de ces appréciations ?

Or un soldat français, un ancien soldat français, un futur soldat français ne saurait avoir, de lui-même l'idée monstrueuse, invraisemblable, que son officier est peu intelligent... alors que l'officier ne s'en aperçoit pas lui-même.

Pour le soldat français, un supérieur est toujours supérieur. En lui laissant simplement entrevoir, une seule fois, qu'un seul officier, par exception, peut être un imbécile et un fanfaron, on détruit à tout jamais cette confiance aveugle et admirable qui décide du succès des batailles et du sort des armées.

Et la guerre, par conséquent la victoire qui est à la France plus nécessaire que le pain, deviendrait impossible du jour où l'infaillibilité du galon serait mise en discussion, du jour où serait promulguée la loi suivante :

« Aucune condamnation capitale ne pourra être prononcée par les juges militaires, tant que les médecins militaires n'auront pas trouvé le moyen de rappeler à la vie les soldats fusillés par erreur. »

Et voilà pourquoi je pense qu'on doit poursuivre comme coupable ou complice de menées antimilitaristes le colonel Potiron de Boisfleury, président du conseil de guerre de Clermont-Ferrand.

LA MORT DU SOLDAT BERSOT.

Une campagne particulièrement odieuse est menée par M. Henri Guernut contre un des plus brillants officiers de notre armée, qui fut pendant la guerre colonel du 60ᵉ régiment d'infanterie et qui occupe aujourd'hui une haute situation dans l'état-major.

Le prétexte de cette campagne est une vieille histoire : l'exécution du soldat Bersot, fusillé le 13 février 1915 parce qu'il avait refusé de mettre un pantalon sale.

Les faits ont déjà été rendus publics par la Ligue des Droits de l'Homme.

Le 12 février 1915, le 60ᵉ d'infanterie se trouvait au château des Mardangons, sur la rive droite de l'Aisne. Bien qu'il menât la vie de château, le régiment n'était pas encore content; et le colonel cherchait à regaillardir ses hommes.

Il fit appeler le sergent Jean Perruche, qui est juge au tribunal des Sables-d'Olonne (quand il n'y a pas de guerre), et qui exerçait alors les fonctions de commis-greffier (quand il y avait conseil de guerre).

— Un mauvais esprit règne dans le régiment, dit le colonel au sergent. Il faut que j'en fasse fusiller un ou deux, pour remettre les autres de bonne humeur... Mais je veux que tout se passe dans les règles. Vous êtes magistrat dans le civil; trouvez-moi un texte.

Le sergent trouva le texte, ou plutôt le prétexte. Deux jours plus tôt, le soldat Bersot avait demandé un pantalon. On lui en avait présenté un qui, prélevé sur un mort, était souillé de boue et de sang; Bersot avait refusé de le mettre, même lorsque son lieutenant avait insisté. Huit jours de prison au compte du soldat Bersot, dont les camarades avaient protesté contre une punition qu'ils jugeaient trop sévère.

— Parfait, déclara le colonel. Refus d'obéissance de la part de Bersot, rébellion de la part de ses camarades. Peine de mort.

Respectueusement le sergent Perruche fit observer au colonel qu'il allait un peu fort; il obtint la grâce des camarades qui avaient protesté, mais le colonel tint à passer par les armes le soldat qui avait refusé de mettre un pantalon sale.

Un conseil de guerre se réunit immédiatement, sous la présidence du colonel en personne. Tout se passa « en famille », suivant l'effroyable expression du commis-greffier. Le lendemain, à l'aube, on attachait au poteau d'exécution le soldat Bersot, qui répétait en sanglotant : « C'est pas possible... C'est pas possible ! »

Depuis, la Cour de Cassation a réhabilité le soldat Bersot et accordé vingt-mille francs de dommages-intérêts à sa famille. M. Henri Guernut trouve que ce n'est pas suffisant; il voudrait que le colonel (qui portait un pantalon propre) soit puni pour outrages injustifiés à un inférieur.

On ne peut rien reprocher à l'ancien colonel du 60e, qui a agi dans la plénitude de ses droits et la conscience de son devoir.

Le devoir d'un colonel est d'inspirer la discipline; la discipline s'inspire, car elle est d'essence mystique (c'est en quoi elle diffère de la justice). La discipline ne distribue pas des châtiments; elle donne des exemples. Le supplice des martyrs est exemplaire; l'exemple a plus de force lorsqu'il frappe des innocents... La discipline militaire veut qu'on inflige huit jours de prison à un soldat qui porte un pantalon sale; mais, si un soldat refuse de mettre un pantalon sale, la discipline veut qu'on lui inflige la peine de mort.

Le droit d'un colonel est d'appliquer le Code militaire... Or le Code militaire prononce la peine de mort pour tout refus d'obéissance... Supposez que le soldat Bersot ait mis le pantalon sale, et que son officier lui ait demandé :

— Maintenant, mettez votre main gauche dans la poche droite de votre pantalon.

Le soldat n'aurait certainement pas obéi (essayez un peu)... Refus d'obéissance... La mort !

Ce qu'on peut reprocher au colonel, c'est un excès de scrupules dans le souci du « sale motif »; c'est un excès de formalisme qui l'a poussé à convoquer régulièrement un conseil de guerre.

Ses hommes ronchonnaient ? C'était bien simple. Le colonel du 60ᵉ n'avait qu'à improviser une bonne petite attaque à la baïonnette, en plein jour, contre les mitrailleuses d'en face. Cette mesure eût diminué le nombre des ronchonneurs en augmentant celui des héros dont les noms sont gravés sur le marbre.

Combien de colonels, pendant la guerre, se sont dispensés d'aller chercher des histoires de pantalons sales, et combien de Bersots inconnus furent passés par les armes sans musique individuelle !

« *Homicide point ne seras, sans droit* » a écrit Moïse (à moins que ce ne soit l'abbé Désers) sous la dictée de Dieu.

Or, je vous demande, qui aura le droit d'homicide si un colonel ne l'a pas ?

RÉHABILITATION.

Il nous faut décidément condamner la justice civile, ou bien perdre notre foi aveugle dans l'infaillibilité sereine des conseils de guerre.

En 1920, M. Sadoul, ci-devant capitaine, émigré et contumax, était condamné à mort par un conseil de guerre composé d'officiers français, incorruptibles par profession, clairvoyants par définition, jugeant en leur âme loyale et avec la conscience d'une supériorité hiérarchique... Si M. Sadoul avait assisté à son procès en personne, il faut croire qu'il aurait été fusillé en chair et en os, sous peine de méconnaître la loyauté logique et brutale qui constitue la jurisprudence des tribunaux militaires.

M. Sadoul était accusé d'intelligences avec l'ennemi et d'embauchage, c'est-à-dire de débauchage. Le gouvernement français l'avait envoyé à Moscou pour voir ce qui se passait là-bas; et la révolution russe avait si vivement intéressé le capitaine qu'il en avait oublié de revenir en France pendant quelques années.

La justice civile vient de lui accorder une ordonnance de non-lieu, par des motifs assez curieux. Etant donné que le capitaine Sadoul n'a pas déserté, puisque son poste était précisément à Moscou, il est établi, par surcroît, qu'il n'a pas eu d'intelligences avec l'ennemi... D'abord les Russes ne sont pas nos ennemis : ils ont été nos grands amis;

la preuve, c'est que nous leur avons prêté beaucoup d'argent que nous ne reverrons jamais. Et puis, dans l'intention de leur être agréables, nous accordons aujourd'hui toutes les facilités d'accès à leur rouleau compresseur, qui s'appelle le bolchevisme ou le communisme, comme il vous plaira, et qui n'est même plus à cinq étapes de Paris.

Il n'y a pas d'ennemis dans l'affaire du capitaine Sadoul; et il ne saurait y avoir non plus, « d'intelligences », ce qui est incompatible avec l'état militaire. Remarquez que toutes les personnes qui pendant la guerre ont été fusillées pour intelligences avec l'ennemi sont des personnes appartenant au monde civil.

Il est affligeant de constater que les officiers qui composaient le conseil de guerre de 1920, c'est-à-dire des officiers choisis entre tous pour leur clairvoyance et leur discernement, sont incapables de reconnaître l'ennemi, ce qui est le principe élémentaire de la tactique et de la stratégie. Ils ont ainsi commis une erreur dont M. Sadoul et les Russes auraient pu être victimes, si M. Sadoul s'était trouvé à portée de fusil, si les Russes s'étaient trouvés à portée de canon.

Et M. Sadoul a montré une grande sagesse en attendant pendant quelques années, à l'abri du peloton d'exécution, l'effet de la sentence du conseil de guerre. Pour un justiciable militaire, la seule tactique est de pouvoir attendre. Sadoul Cunctator a recueilli le fruit de sa sagesse.

Car la justice militaire est une justice dont la justice est momentanée. L'exécution de ses sentences doit être immédiate. Au bout de quelques années, on reconnaît ordinairement que les condamnés qu'on a négligé de fusiller tout de suite ne sont plus bons à fusiller. C'est en quoi la justice des conseils de guerre est semblable à la justice de la Haute-Cour.

Il y a comme une fatalité... Pourquoi a-t-on négligé de fusiller tout de suite le capitaine Dreyfus, M. Caillaux et M. Malvy ? Il est trop tard aujourd'hui.

On a fusillé Duval, qui, sous la signature « M. Badin », rédigeait des petits papiers agaçants pour M. Clemenceau... Si Duval avait pu attendre, il serait aujourd'hui député ou gouverneur de l'Indochine.

Allons, conservons les conseils de guerre, puisqu'il est si agréable aux militaires de piétiner avec leurs grosses bottes dans les plates-bandes de la magistrature.

Mais, afin d'éviter des revirements d'opinion assez fâcheux pour les juges militaires, tempérons l'effet prématuré de leurs sentences hâtives par une mesure prudente :

ARTICLE UNIQUE. — *Toute sentence prononcée par un conseil de guerre ne pourra recevoir son exécution qu'en temps de paix, et cinq ans au moins après le prononcé du jugement.*

RÉQUISITOIRE CONTRE

M. LE CONSEILLER BOUCHARDON.

En 1924, M. Guernut, secrétaire général de la Ligue des Droits de l'Homme, prit à partie M. Maginot, alors ministre de la guerre, à propos de l'affaire Bersot, qui est une affaire vraiment ridicule.

En février 1915, dans un secteur de l'Aisne, un

soldat nommé Bersot avait été fusillé en musique parce qu'il avait refusé de mettre un pantalon couvert de sang et encore tout chaud, dont on venait de dépouiller un mort.

L'affaire est relatée tout au long dans un livre récemment publié sous ce titre : *Les Crimes des Conseils de guerre* (ce livre vous procurera de fameux cauchemars si vous le lisez avant de vous endormir).

La condamnation du soldat Bersot fut l'œuvre du colonel Auroux, qui avait besoin d'un exemple pour maintenir dans son régiment une stricte discipline. Le colonel Auroux, qui pratiquait la grande manière du citoyen Fouquier-Tinville, adjoignit à Bersot des complices, ce qui lui permit de reconstituer un complot. Les complices étaient trois camarades de misère qui avaient discrètement désapprouvé la condamnation de Bersot, en offrant de « faire sa punition à sa place ». Ils moururent quelque temps plus tard, sur le bled, après avoir cassé des cailloux.

Or, Bersot ayant été réhabilité, M. Guernut demanda des nouvelles du colonel Auroux à M. Maginot... Et M. Maginot s'informa dans ses bureaux, alors situés rue Royale, exactement en face du ministère de la marine.

Le colonel Auroux était devenu général, commandeur de la Légion d'honneur, et il remplissait au ministère de la guerre d'importantes fonctions.

Rien de plus juste, rien de plus satisfaisant pour la conscience militaire que ces diverses sanctions. Le colonel Auroux a fait noblement son devoir; un colonel doit choisir entre l'honneur de son régiment et la vie de ses soldats. Un régiment ne parvient à la gloire absolue que par l'anéantissement total... Dans le militaire, le sang ne tache pas : le geste exécuté par Ponce-Pilate, qui était magistrat civil, puis par lady Macbeth, qui était une femme, eût disqualifié le colonel Auroux.

N'incriminez pas les hommes, du moment que vous honorez l'institution.

Mais, si je rappelle ici l'avancement fort légitime donné au colonel Auroux, c'est à titre de précédent et comme élément de dicussion.

Car on discute l'avancement promis au conseiller Bouchardon, qui va devenir président de chambre.

Et on dit :

— Le conseiller Bouchardon n'est autre que le fameux capitaine Bouchardon, qui pendant la guerre...

Eh bien, on se trompe...

Le conseiller Bouchardon n'est pas le capitaine Bouchardon. C'est un autre homme.

Le conseiller Bouchardon est sans doute un magistrat comme tous les magistrats, qui juge d'après des textes toujours discutables, ou suivant sa conscience d'homme toujours faillible. Le texte et la conscience sont deux formes de l'arbitraire. Le magistrat est un « *minus habens* » qui cherche à comprendre.

Mais il y a eu le capitaine Bouchardon, qui, étant officier, eut une conscience supérieure de super-gendarme. Il n'eut pas à connaître la loi ni à faire le départ du juste et de l'injuste. Il n'eut à connaître que la consigne, c'est-à-dire l'exécution des ordres de ses supérieurs. Le supérieur, c'est celui qui commande : un officier plus galonné, ou un Comité de Salut Public, ou M. Mandel quand M. Mandel est au pouvoir... Ainsi le devoir du capitaine Bouchardon et le souci qù'il avait du bien public furent d'accord avec l'intérêt de son avancement.

Ce n'est pas le conseiller Bouchardon qui doit recevoir une récompense pour sa docilité sous un régime de terreur. Mais le capitaine Bouchardon a donné au monde le terrible exemple d'une obéissance aveugle que n'aurait subie aucun magistrat... et c'est le capitaine Bouchardon qui doit par conséquent être promu commandant, colonel, ou général, ou grand-officier de la Légion d'honneur.

Ne craignez-vous pas d'offenser le conseiller Bouchardon, qui rendit des arrêts, en le récompensant pour les services rendus par le capitaine Bouchardon ?

A moins que, prévoyant l'avènement du dictateur, vous ne prépariez des instruments capables de servir avec le même zèle Lénine ou Mussolini ?

CHAPITRE VI

LE HEROS

Dans le très beau livre de Pierre Hamp qui s'appelle *Le travail invincible*, j'ai trouvé une page étonnante sur la gloire militaire, une théorie synthétique de l'héroïsme qui eût scandalisé Alfred de Vigny, mais qui est faite pour charmer Rudyard Kipling et Claude Farrère, peintres de soldats.

Voici : l'héroïsme n'est pas du génie ni même du tempérament ; c'est du métier. L'enthousiasme n'est qu'une inégalité de caractère. Il cesse soudain et laisse l'homme inférieur à lui-même. Au contraire, la conscience professionnelle permet un effort égal dans la perfection technique. Celui qui a faim sans se plaindre, qui marche les pieds en sang, ne tire qu'en ajustant et ne meurt que dans la mesure du nécessaire, est le soldat qui fait parfaitement son métier. La victoire s'acquiert par les hommes qui font bien leur métier. Il n'y a rien eu aux Thermopyles que la conscience professionnelle.

C'est juste ; et il est malheureux de penser que

l'héroïsme est un métier manuel, presque un métier mécanique ; de même, il est effrayant de penser que la guerre est une industrie ; le héros est l'ouvrier de la guerre ; dans tout homme, il y a la matière d'un héros ; et avec un homme on peut faire un héros d'autant plus facilement que cet homme est plus souple, plus malléable et d'une personnalité moins accentuée.

Il y aurait là de quoi dégoûter de la gloire, qui ne s'acquiert plus d'un élan spontané, mais se gagne comme un salaire quotidien par une application servile.

D'autant plus, comme le fait remarquer M. Pierre Hamp, que la gloire militaire est fatalement inique. Pour un héros qu'elle contrôle, cent mille héros meurent ignorants d'eux-mêmes, inconscients de leur gloire, inconnus aux hommes, et la terre recouvre leurs corps anonymes.

Mais je cesse de penser comme M. Pierre Hamp lorsqu'il attribue à la justice immanente d'étranges réparations.

Par l'oubli, écrit-il, le temps répare l'injustice de la gloire... Qui donc, dans mille ans, connaîtra le héros glorieux !

Qui donc ?... Le monde entier... Car le héros consacré, contrôlé, immatriculé, est immortel. Il entre au Panthéon, dans l'histoire et dans le Larousse. Armés de pied en cap, Achille, Alexandre et Attila pénètrent dans le cerveau des petits enfants et ne sortent plus de la mémoire des hommes... Les noms des vainqueurs sont distribués aux places publiques, gravés sur la pierre et vivront chez les humains tant que les humains vivront dans les cités.

L'OMBRE DES DRAPEAUX

Ils paieront la poudre et l'acier, ils paieront les ruines et les tombes, ils paieront les larmes et le sang.

Paieront-ils aux jeunes hommes leurs quatre années de jeunesse, les promesses de bonheur et de force qui furent enlisées dans le morne héroïsme et dans le sombre ennui ? Paieront-ils aux jeunes femmes leur printemps gâché dans l'anxieuse attente, les privations sans gloire et le martyre sans beauté ! Paieront-ils à ceux qui ont vieilli la perte de leur idéal, de leur raison de vivre, de leur foi en ce qui était juste, en ce qui était vrai, en ce qui était beau, en ce qui était bon, en ce qui existait peut-être avant, en ce qui n'a sans doute jamais existé ?

La guerre a déchiré le voile du bonheur.

Nous avons vu le triomphe de la violence ; nous avons vu le sort de la Justice surhumaine livré au hasard d'un coup de dés ; nous avons vu les peuples libres avides de servitude ; et nous sourions amèrement (car nous commençons à comprendre) en voyant les peuples asservis se laisser prendre au leurre de la liberté... Le dompteur a fait un faux pas ; le fauve se précipite tous les crocs à l'air... Gloire au fauve affranchi et conscient !... Bah ! Les grilles sont toujours là ; et lorsque le dompteur sera debout, le fauve rampant saura encore lécher ses bottes couvertes de sang.

Nous avons vu le triomphe de l'avidité, la gloire des mercantis camouflés en patriotes ou en philanthropes.

Nous avons vu le triomphe de la laideur en art

comme en littérature : une laideur vulgaire, administrative, officielle qui nous a fait regretter la laideur raffinée des esthètes et des snobs. Nous avons vu l'injustice irritante et passive des bureaux. Nous avons vu l'abaissement de la pensée ; nous avons vu les esprits libres justement et légalement condamnés par la plèbe ignorante.

Nous avons vu le mensonge érigé en dogme d'Etat.

Nous avons vu l'apothéose de la bêtise glorieuse, agressive, totale. Nous avons vu la mort de l'amour assassiné par l'absence.

Qu'importe ? Les myrtes sont flétris, les roses mortes ; ceignons nos tempes de lauriers. Le voile du bonheur est déchiré ; l'étoffe des drapeaux va frissonner au vent de la victoire. Nos idéals sont morts, nos idéals de beauté, d'amour et de justice... Il nous reste un idéal bruyant, éclatant, tumultueux, fertile en ivresses et en fanfares : la Gloire.

D'UN ASPECT INATTENDU DE LA GLOIRE

Il est des héros qui attendent longtemps la consécration de leur héroïsme. Nous lisons chaque jour des citations à retardement et des rappels de décoration à titre posthume, pour faits relatifs à la grande guerre momentanément interrompue en novembre 18.

Il nous est agréable de constater qu'on n'oublie pas les héros d'antan. Cette dépêche de Mulhouse nous en donne la preuve :

Mulhouse, 16 août.

Hier matin a eu lieu une prise d'armes.

Il s'agissait de décorer de la médaille militaire un vétéran de 1870, M. Braun, qui, en 1873, avait planté sur le sommet d'un peuplier un drapeau français. Pour empêcher qu'on ne le descende, il avait enduit l'arbre d'excréments humains.

La police allemande offrait en vain une somme considérable pour qu'on aille chercher le drapeau. Enfin, elle fit couper l'arbre.

M. Braun était venu pour recevoir sa décoration dans sa ville natale.

Ainsi M. Braun a accompli un double exploit en 1873 : il a grimpé au sommet d'un peuplier, au risque de se casser la figure ou tout au moins d'abîmer son pantalon ; et il s'en est fourré plein les pattes, pour embêter (à moins que le mot « embêter » ne vous semble un peu faiblard) les Boches qui s'appelaient en ce temps-là les Prussiens.

Un héros ne doit pas être dégoûté. La cuisine de l'héroïsme, comme toutes les autres cuisines, n'est pas toujours ragoûtante ; la gloire mijote dans les tranchées, entre les feuillées et les cadavres en décomposition. Le héros doit dompter tous ses sens révoltés, accepter le son du canon, la vue des mourants, le contact des morts et l'odeur de toutes les pourritures.

Ainsi, en 1873, le patriotisme de M. Braun se montra très supérieur, en force et en qualité, au patriotisme des Allemands qui occupaient Mulhouse.

Il ne se trouva pas un Prussien qui, pour la gloire ou pour l'argent, consentit à embrasser le peuplier crépi par les soins de M. Brun (je veux dire M. Braun) et qui servait de hampe au drapeau tricolore. Mais M. Braun n'avait pas craint de planter son drapeau dans un fumier qui le défendait contre d'autres profanations.

Si la police allemande avait eu un peu de sens

logique, elle eût fait un rapprochement entre les
deux symboles que portait le peuplier : le symbole qui flottait en haut, et le symbole qui se faisait sentir en bas. Ainsi elle aurait estimé que
M. Braun, en voulant empêcher que le drapeau
français fut profané, avait agi exactement à la
manière de Gribouille... Elle eût respecté l'œuvre
de M. Braun (en organisant même une petite fête
pour le vernissage) et conservé le témoignage
d'un exploit qui, réalisé à l'aide d'un produit français, n'en porte pas moins la marque teutonne.

Mais la police allemande voulait le drapeau ;
pour l'avoir, elle usa d'un stratagème ingénieux
et que M. Braun n'avait pas prévu. Elle coupa
l'arbre ; personne ne fut obligé de monter ; le
drapeau descendit.

L'héroïsme est souvent stérile quant à ses résultats immédiats ; le courage est toujours malheureux dans ses conséquences lointaines. Mais la
fumée de la gloire est tenace ; elle persiste longtemps au-dessus des ruines...

Ainsi, on parle encore de Cambronne, qui défendit son drapeau comme fit M. Braun en une circonstance également désespérée, mais qui du
même procédé fit une application purement verbale.

Pendant cinquante ans, M. Braun fut en Alsace
« l'homme au peuplier ». Il fallut cinquante ans
pour que son exploit fût officiellement consacré.

M. Braun a aujourd'hui la médaille militaire.
Nous espérons qu'il la portera avec modestie, et
qu'il usera, quant au motif de sa citation, de la
formule dont les hommes de sa génération ont
fait un programme :

« Pensons-y toujours... n'en parlons jamais. »

LA MARQUE DES HÉROS

Vous avez sans doute lu le compte-rendu du procès de l'artificier Salvador, qui, pour un double assassinat, fut condamné à mort. Et le président du conseil de guerre prononça cette aggravation de peine : « Vous êtes désormais indigne de porter la Croix de guerre. »

Un de nos confrères du soir commente le jugement en ces termes :

Sans vouloir, certes, atténuer le crime de Salvador, qui est le plus répugnant des criminels, on nous permettra d'élever ici cette courtoise objection ; la Croix de guerre n'étant pas une distinction honorifique, mais la simple constatation d'un fait — d'une citation à l'ordre du jour de l'armée, de la division ou du régiment — il n'appartient à aucune autorité d'en interdire le port à quiconque a fait l'objet d'une citation authentique.

On peut dégrader un soldat, lui enlever la Légion d'honneur ou la Médaille militaire; aucun texte de loi, à notre avis, ne permet de toucher à la Croix de guerre.

Voilà une vérité excellente à dire, réconfortante à constater et qui fait de la Croix de guerre une marque exceptionnelle, suprême, indélébile, bien supérieure aux distinctions arbitraires en honneur chez les Pharisiens.

Vous n'êtes chevalier de la Légion d'honneur qu'à titre provisoire, instable, temporaire. Sous prétexte qu'un jour, vous vous êtes honoré, on vous a mis à la boutonnière un machin rouge en long, ce qui est fort bien, ou en rond, ce qui est beaucoup mieux. Et puis, un autre jour, on vous retire le machin qui est à votre boutonnière, **sous** prétexte que vous vous êtes déshonoré.

De telle sorte que la Légion d'honneur est hautement honorable, car jamais un de ses chevaliers n'est allé au bagne ni en prison. C'est bien simple. L'honneur consiste en une simple formalité : il suffit de rayer le nom du dignitaire sur les contrôles de la Légion d'honneur avant d'inscrire le nom du délinquant sur les registres de la prison. Peu importe que le légionnaire ait porté son ruban rouge au moment où il commettait son crime ou son délit, du moment qu'il ne le porte plus pendant qu'il subit sa punition. D'ailleurs, les dignitaires de la Légion d'honneur savent d'eux-mêmes s'assouplir à une admirable discipline corporative : ils enlèvent toujours le machin rouge qu'ils portent en long ou en rond, avant d'entrer dans une maison close ; et ils le remettent à la sortie. Le temps qu'ils sont à l'intérieur, ils ne font pas partie de la Légion d'honneur. C'est une sorte de dégradation volontaire à titre provisoire.

Voilà pourquoi je vous parlais d'une institution honorifique et décorative dirigée par les Pharisiens.

Mais la Croix de guerre, au contraire, c'est franc, c'est glorieusement définitif et définitivement glorieux. Un type qui a eu un jour du talent peut devenir un vieil idiot sans que la gloire ait mis sur lui sa griffe ou la notoriété son stigmate. Mais un type qui, un jour, eut du courage sous l'uniforme militaire est un héros pour toujours, c'est-à-dire pendant sa vie et après sa mort. Et rien ni personne n'a le droit de lui enlever ça : ni les jugements du conseil de guerre, ni la décision du colonel, ni les crimes et les turpitudes dont il a pu lui-même charger sa conscience.

Le ruban rouge, c'est quelque chose de relatif. La Croix de guerre, c'est une chose absolue. C'est un témoignage du passé, c'est le legs d'une vie antérieure; et Dieu lui-même est impuissant à abolir le passé.

C'est ainsi que la plus abjecte fripouille peut sans provoquer étonnement ni scandale porter la Croix de guerre jusque sur l'échafaud. La tête de l'assassin roule dans le panier cependant que le ruban rouge et vert continue à orner la poitrine du héros.

Le titre représenté par la Croix de guerre est bien dans la pure tradition des titres nobiliaires, qui sont également un témoignage indélébile et historique de faits glorieux accomplis dans le passé.

Ainsi un marquis authentique peut commettre une escroquerie ; il ne perdra pas son titre de marquis. Un prince de Bourbon peut se faire pincer dans une rafle, il n'en sera pas moins prince de Bourbon des deux côtés des Pyrénées. Et un comte peut vendre son blason et louer sa peau à une riche Américaine sans ternir son blason, sans faire rougir son sang bleu...

Car telle est la vertu du titre de héros que non seulement il est imprescriptible, mais héréditaire. Ainsi, longtemps après la mort du preux qui, un jour, accomplit une action d'éclat, d'étranges animaux qui, théoriquement, descendent de sa lignée, se prévalent d'une couronne ou d'un tortil dont aucun tribunal au monde (puisque le roi est mort) ne peut déposséder le titulaire indigne ou dégénéré.

A PROPOS D'UN PIGEON EMPAILLÉ

Supposons qu'un ennemi de l'armée, qu'un contempteur de la gloire militaire commette une parodie sacrilège des cérémonies les plus respectables... par exemple qu'il attache une croix de guerre à la queue d'un chien, ou encore qu'il prononce une bouffonne oraison funèbre sur un pigeon empaillé, après lui avoir décerné le diplôme de la « bague militaire » et l'avoir cité à l'ordre du jour de l'armée.

Vous entendrez alors les protestations indignées des patriotes ; car il ne faut pas toucher aux idoles ni blaguer avec les objets consacrés au culte.

Fort heureusement, les patriotes se chargent eux-mêmes de la parodie sacrilège.

Il existe des chiens qui sont décorés de la croix de guerre, qui ont reçu cette distinction avec le plus grand sérieux et qui n'en sont pas plus fiers pour ça (car le moindre os à moelle ferait beaucoup mieux leur affaire).

Et la *France Militaire*, qui est imprimée à Limoges (n'est-ce point admirable ?) vient de consacrer un article nécrologique fort ému à un pigeon empaillé. Ce pigeon, lorsqu'il vivait, portait le matricule 183-14 A. F., car il était soldat, ce pauvre diable de pigeon, et mobilisé dans l'aviation. Il était soldat ; il fut héros et reçut « un diplôme de bague militaire, équivalent à une médaille militaire », à la suite d'une citation évidemment flatteuse ;

A trois reprises différentes, pendant la bataille de Verdun, a assuré, sous un feu violent, le transport rapide de messages très importants.

A notamment assuré les liaisons du commandant

Raynal, défenseur du fort de Vaux, le 3 juin 1916, ou moment où ses troupes investies étaient privées de tous moyens de communication, malgré les conditions atmosphériques les plus défavorables.

Je ne vois aucun inconvénient à ce qu'un pigeon soit décoré de son vivant.

Je ne verrais aucun inconvénient à ce qu'un maréchal soit empaillé après sa mort.

Mais si vous le voulez bien, au lien d'envisager la question du point de vue militaire, envisageons-la du point de vue pigeon, c'est-à-dire d'un peu plus haut.

Connaissez-vous le Tir aux Pigeons, qui se tient au Bois de Boulogne et que fréquentent des gens très bien ?

Il y a là des pigeons enfermés dans des boîtes aussi strictement closes que des casernes.

De minute en minute, on ouvre une boîte, et un pigeon est libre de s'envoler.

Il s'envole, malgré les conditions atmosphériques les plus défavorables et sous un feu violent dirigé spécialement contre lui.

Quelquefois il s'échappe : souvent il tombe au champ d'honneur. C'est un héros.

C'est un héros (bien qu'il soit pigeon civil) exactement au même titre et pour les mêmes raisons que le pigeon militaire 183-14 A. F.

Sans blague, croyez-vous qu'un pigeon fasse une différence entre les coups de fusil tirés par les Allemands barbares et les coups de fusil tirés par des Parisiens fort distingués ? Il conçoit obscurément qu'on lui tire dessus ; il vole où le mène son instinct ; il n'a nullement conscience de l'honneur et de la responsabilité qu'il porte au cou sous forme d'un message écrit par un officier supérieur.

Alors, incorporons aussi parmi les héros les pigeons obscurs qui, après avoir eu le cou tordu, bravèrent le feu de la cuisine, dans une casserole pleine de petits pois.

Votre définition du héros est sans doute celle-ci : un être dont la vie fut sacrifiée utilement par quelqu'un qui était plus fort.

Le pigeon aux petits pois rentre exactement dans cette large définition, ainsi que tous les soldats de toutes les guerres.

Mais (je vous demande pardon si je blasphème) je donnerais de l'héroïsme une définition plus étroite : l'héroïsme est un sacrifice à peu près conscient et relativement volontaire.

Ainsi le héros serait forcément l'animal à deux pieds et sans plumes que définit Platon.

Ce qui semble exclure les autres animaux du grade de héros, tout en leur laissant une place honorable dans les rangs des martyrs.

LES VIEUX DE LA VIEILLE

Dans un compartiment de 3e classe de l'express, trois soldats revenaient du Maroc en congé libérable, comme les voyageurs civils pouvaient s'en rendre compte par leur conversation. De quoi parlent des soldats lorsqu'ils sont deux, et à plus forte raison lorsqu'ils sont trois ? Ils parlent de la vie militaire ; ils se plaisent à évoquer des souvenirs que, d'après toute logique, ils devraient avoir hâte d'oublier... Mais la logique a tort ; un soldat qui se trouve hors de la caserne ne goûte sa liberté présente que s'il évoque par la pensée ou la parole sa récente servitude, et voilà pourquoi les soldats en congé ne parlent que des choses du régiment.

Les trois jeunes gens montraient un optimisme réconfortant. Ils disaient toutes les fatigues et toutes les misères du métier, le manque de sommeil pendant les nuits, l'excès de soleil pendant le jour, les brimades des gradés, les voyages à fond de cale et le cafard cruel des exilés...

— Ça dessale tout de même un bonhomme, conclut le premier.

— Oui, ça fait du bien, dit le deuxième.

Et le troisième ajouta en clignant de l'œil :

— Et puis ça dresse ceux qui veulent faire les mariolles.

Or, parmi les voyageurs civils, il y avait un homme de trente-cinq ans, ancien combattant de la dernière guerre (la dernière en date), un de ces hommes de trente-cinq ans qui en paraissent cinquante, parce qu'il y a des années de campagne qui comptent triple. Cet homme qui portait sur son dos courbé le complet fripé « de démobilisation » écoutait les jeunes soldats avec attention et mélancolie. Et il cherchait de temps en temps à placer son mot :

— Des nuits sans sommeil ?... Pendant la guerre, à Craonne...

Ou bien :

— La faim ?... Oui, on sait ce que c'est... Pendant la guerre, dans les tranchées...

Ou bien encore :

— Nous, pendant la guerre...

Mais c'est tout ce qu'il pouvait dire. Les autres ne lui laissaient pas finir ses phrases. Visiblement, ça les ennuyait ou plus exactement ça ne les intéressait pas. Ils lui coupaient la parole, pas méchamment, mais machinalement et sans s'en rendre même compte.

L'ancien combattant comprit et finit par se taire. Il descendit à la station suivante. Alors, un des trois jeunes gens murmura :

— Tu parles d'un vieux machin !

(« Machin » est la traduction pudique du mot que dit le soldat et qui est sans doute un terme marocain.)

La gloire se flétrit aussi vite qu'une fleur coupée mise sur un tombeau ; ce n'est pas une immortelle. malgré ce que prétendent les gens qui en vendent, c'est une actualité éphémère... Et les souffrances des autres sont vite oubliées par ceux qui n'ont pas souffert ; les peuples n'auraient jamais de guerre si les hommes avaient de la mémoire.

Cinq ans seulement ont passé... et la guerre, pour les nouveaux soldats, n'est plus qu'une ennuyeuse leçon d'histoire, un sujet de rabâchage pour les vieux radoteurs... « Les os de l'année dernière, crois-tu que ça nous intéresse ? » disent avec dédain à Bagheera les jeunes loups de la Jungle, lancés sur une piste nouvelle...

C'est l'ancien combattant qui est venu me raconter cette histoire, et il a ajouté :

— S'il y avait eu dans le compartiment des Suisses, des Anglais ou des Américains, croyez-vous que ça aurait fait bon effet ?

Mais non, il ne pouvait pas y avoir d'étrangers dans le compartiment. Les étrangers ne voyagent pas en 3ᵉ classe.

D'UN HÉROISME RELATIF

L'Allemand Schlagetter, condamné à la peine de

mort par un conseil de guerre composé d'officiers français, a été exécuté à Dusseldorf.

Nos journaux présentent l'Allemand Schlagetter comme un bandit dangereux, comme un saboteur redoutable, comme un ennemi du droit, de la civilisation, de l'humanité.

Si on voit les choses du point de vue de l'humanité, du droit et de la civilisation, nos journaux ont grandement raison, Schlagetter était un fauve malfaisant.

Mais les journaux allemands présentent Schlagetter comme un patriote au cœur fervent, comme un héros, comme un martyr victime de l'oppression étrangère.

Si on voit les choses du point de vue patriotique, les journaux allemands ont grandement raison. Schlagetter fut un patriote noblement désintéressé, à la façon de ceux qui, dans *Patrie*, de Victorien Sardou, font le sacrifice de leur vie pour chasser l'ennemi installé à leurs foyers.

L'opinion de la presse française et celle de la presse allemande se peuvent aisément concilier : un patriote noblement désintéressé peut être en même temps un fauve malfaisant... Il est toujours un fauve malfaisant pour ceux qui le regardent d'en face.

Du moment qu'on accepte l'idée de patriotisme, un patriote devrait toujours être un héros, même pour les patriotes ennemis s'ils apportaient dans leur jugement un peu de logique et de bonne foi. Mais le patriotisme exclut toute bonne foi et toute logique. Et les patriotes, sans songer à voir les patriotes ennemis comme on se voit dans une glace, les voient tels qu'ils sont en réalité : des brutes obtuses et sanguinaires.

Les passions idéales, désintéressées, sont souvent le plus injustes et les plus féroces. Un sacrifice n'est pas forcément admirable. Il peut être absurde et provoquer des massacres. J'ai bien peur que Schlagetter, bandit et saboteur de son vivant, n'ait une brillante carrière posthume comme héros et comme martyr.

Les martyrs chrétiens, épris d'une patrie céleste, furent vraiment des saboteurs de la chose romaine. César ne se trompait pas lorsqu'il les considérait, du point de vue de la raison d'Etat, comme des malfaiteurs publics. Mais il se trompait, du point de vue de ses intérêts, lorsqu'il les faisait mettre à mort en grande pompe... Un martyr public est beaucoup plus dangereux qu'un saboteur discret.

Or Schlagetter a vraiment pour lui l'auréole du héros et le nimbe du martyr.

Il était chez lui, dans son Vaterland (nous prononçons : « Patrie », et la différence de prononciation est cause des plus graves dissentiments entre patriotes animés des mêmes sentiments, des deux côtés du fleuve). Son Vaterland est occupé par l'ennemi, en temps de guerre, alors que tous les moyens de destruction sont bons contre l'envahisseur.

En temps de guerre ?

Mais oui. On le dit en Allemagne. On le dit en Angleterre. Et Mlle Mistinguett, dont l'opinion fait autorité en France autant que celle de M. Poincaré, vend des petits gâteaux sur le boulevard Haussmann, au profit des poilus de la Ruhr.

En temps de guerre ?... Il est possible que je retarde de quelques années... Il est certain que j'anticipe de quelques mois.

Pour ceux qui, en France, aiment la guerre (ils

ne sont pas le nombre, mais ils sont le mouvement
et le bruit), les douze balles envoyées à Schlagetter sont un placement de père de famille.

D'UNE MAUVAISE PLAISANTERIE

Sous le numéro 5198, en date du 18 juin 1919,
le général de division Niessel, commandant le
12e corps d'armée et la 12e région, publie la note
suivante : ,

*Il m'a été signalé que des militaires rapatriés
des camps de prisonniers d'Allemagne en auraient
rapporté l'habitude de pousser fréquemment, en
manière de plaisanterie, le cri : « Tue-le ! »*

*L'emploi de cette expression peut donner lieu,
dans diverses circonstances, à des confusions
regrettables. Des personnes qui, en réalité, ne sont
nullement visées par les auteurs du cri peuvent se
croire menacées et se défendre ou se plaindre.*

*D'autre part, des soldats peu disciplinés peuvent
croire qu'ils pourront employer cette expression
au passage d'un supérieur ou d'un fonctionnaire.*

*Je fais appel au bon esprit de ces hommes pour
leur demander de faire disparaître de leur vocabulaire l'expression de « Tue-le ! » qui a déjà
provoqué des incidents fâcheux.*

Parmi les hommes qui font profession d'écrire,
les officiers supérieurs et surtout les officiers généraux jouissent d'un précieux privilège : ils sont
certains d'être lus ; ils ne peuvent pas ne pas être
écoutés. Qu'un philosophe écrive un bouquin plein
d'excellents conseils, qu'un journaliste publie un
article plein d'excellentes intentions, le journaliste
et le philosophe doivent se dire, avec modestie :
« Seront-ils cent qui me liront ? Seront-ils dix qui,

me lisant, s'abstiendront de hausser les épaules ?... » Le curé du village objurgue ses paroissiens à venir au sermon ; et, pendant le sermon, rien n'empêche les paroissiens de dormir.

Cependant le général ayant mis sa signature au bas de son œuvre, se dit avec un légitime orgueil : « Demain, à 10 heures 30, dix mille hommes prendront connaissance de ce que j'ai écrit, avec les marques du respect le plus extérieur et le plus attentif ; et ce que j'ai écrit sera pour eux mieux que parole d'Evangile, car ils devront en tenir compte, scrupuleusement, minutieusement, mécaniquement... » Ainsi, seul de tous ceux qui écrivent, le général peut spéculer avec certitude sur l'effet de ses écrits et le nombre de ses lecteurs.

C'est pourquoi je suis content, bien content, qu'un général ait donné publiquement son avis sur l'emploi qu'il convient de faire de l'expression : « Tue-le ! »

Le général Niessel s'est aperçu que l'abus de ce conseil avait déjà produit des incidents fâcheux... Fâcheux, certes... Toutes les guerres internationales et civiles ont commencé ainsi. Un méchant s'est écrié : « Tue-le ! » ; des imbéciles ont commencé à tuer ; et chacun sait, pour avoir lu son histoire de France, que quand on commence à tuer il n'y a plus moyen de s'arrêter.

Le général Niessel ne va pas jusqu'à considérer le cri « Tue-le! » comme un cri séditieux et contraire à la discipline qui fait la force principale des armées. Et, en effet, ce cri est orthodoxe; il résume le service en campagne, les commandements de l'escrime à la baïonnette et les divers mouvements du maniement d'armes. Aussi le général ne menace-t-il pas les hommes qui en font usage d'une punition de huit à quinze jours de prison, réservée aux délinquants dont la veste est déboutonnée ou le képi fantaisiste.

Non... Il est fait poliment appel au bon esprit des soldats, qui sont invités à employer cette expression avec discernement.

Il ne faut pas crier : « Tue-le ! » sur le passage d'un supérieur ou d'un fonctionnaire. Il ne faut pas s'exposer à des erreurs de personne en employant inconsidérément un pronom démonstratif indéterminé.

Quand le héros d'Alexandre Dumas fils s'écrie : « Tue-là ! », on comprend aisément quelle est la « personne visée ». C'est la femme, l'épouse, la maîtresse, la « guenon du pays de Nod ».

Mais ne criez pas : « Tue-le- ! »...

Il faut distinguer entre les gens qui sont bons à tuer et ceux qui préfèrent attendre.

Mais ce qui me plaît surtout dans l'ordre du jour du général Niessel, c'est l'expression de « plaisanterie » appliquée à l'expression « Tue-le ! »

Merci, mon général... Et plaise aux dieux que, désormais, ce cri : « Tue-le ! » soit toujours considéré comme une plaisanterie... une bien mauvaise plaisanterie...

LE HÉROS ET LE SOLDAT

M. Bonin a entendu hier une des victimes du rapide de Marseille. Le capitaine Morel a perdu dans l'aventure son portefeuille qui contenait une somme de 60 francs et le prestige qu'il devait à ses cinq citations au cours de la guerre. Il a été dépouillé de son portefeuille par les brigands ; il a été dépouillé de son prestige par l'opinion publique.

L'opinion publique est parfaitement imbécile. C'est naturel, puisqu'elle représente le verdict d'un jury où les imbéciles sont en forte majorité.

Au lendemain de l'attaque du train 5, l'opinion publique a ainsi jugé le capitaine Robert Morel :

« Voilà un officier, un héros de la guerre, qui se trouve endormi dans un wagon au moment où des bandits masqués y font irruption. L'officier se réveille ; il doit prendre les revolvers des mains des bandits, exterminer les malfaiteurs et se rendormir tranquillement... C'est bien simple ; c'est ainsi que les choses se passent dans tous les films cinématographiques... Au lieu de ça, le capitaine Morel tire son portefeuille, comme vous ou moi, et le remet docilement aux brigands... Qu'est-ce vous pensez de ce héros ? »

M. Bonin, dont la conscience intègre est un reflet de l'opinion publique, a dissimulé poliment sa surprise au capitaine Morel ; mais il ne lui a pas caché qu'il cherchait toujours à s'instruire.

Et la déposition du témoin — prodigieusement agacé par cette question qu'il entend répéter depuis trois semaines : « Enfin, pourquoi ne leur avez-vous pas pris leurs revolvers ? Pourquoi n'avez-vous pas tiré dessus ?... C'était bien simple... » — la déposition du témoin a pris un petit air d'apologie.

La sage conduite du capitaine Morel en la circonstance a été fort naturelle, alors qu'un héroïsme inconsidéré est toujours une attitude artificielle.

L'officier était en costume civil. Or la bravoure militaire, inhérente à l'uniforme, est un devoir professionnel. Un soldat ne saurait être tenu d'être brave en dehors des heures de bureau, de même qu'un comptable ne saurait être obligé à faire des additions du samedi soir au lundi matin.

Les bandits se trouvaient dans le train pour travailler ; ce n'était pas le cas du capitaine Morel.

Fort heureusement. Car la bravoure, en certains cas, est inutile et dangereuse. Le lieutenant Carabelli a payé de sa vie un geste de résistance téméraire qui eût pu devenir le signal d'un massacre.

Lorsque des brigands armés donnent à choisir à des voyageurs désarmés entre la bourse et la vie, il vaut mieux ne pas trop tenir à la bourse.

Je vous assure que l'aspect d'un revolver braqué est tout à fait désagréable quand on ne se trouve pas du côté du manche. J'ai vu ça deux fois et, dans ces deux occasions, je n'ai pas éprouvé l'envie de faire le malin...

La première fois (c'était en 1917), un aliéné me vint voir dans mon bureau dont il commença par boucler la porte en dedans. Puis, tirant de sa poche un browning dont il dirigea vers moi le canon, il commença un discours sur une conspiration dont il était la victime et dont j'étais l'organisateur. Je trouvai le discours fort long ; je me demandais si une exécution sommaire n'allait pas suivre le réquisitoire ; je regardais le petit trou noir et je me disais : « Mon Dieu ! que c'est bête de laisser les fous se promener comme ça en liberté ! Mon Dieu ! que c'est bête de vendre comme ça des armes à feu au premier venu !... Et, lâchement, je félicitais mon visiteur lorsqu'il m'annonça qu'il allait rentrer chez lui pour mettre son discours par écrit.

La deuxième fois, ils étaient deux. Deux jeunes

voyous bien habillés qui se disaient offensés par un de mes articles... (Il n'y a pas huit jours que la chose s'est passée.) J'aurais volontiers, comme le capitaine Morel, tiré mon portefeuille pour acheter les brownings de ces messieurs. C'est peut-être tout ce qu'ils voulaient.

Le revolver, en vérité, a une grande force de persuasion. Mais la menace de douze fusils bien alignés peut transformer en héros le plus inoffensif des hommes.

Le capitaine Morel, parce qu'il a eu cinq citations de guerre, peut répondre franchement, lorsqu'on lui pose l'éternelle question : « Mais pourquoi ne les avez-vous pas désarmés ? Pourquoi n'avez-vous pas tiré dessus ? », le capitaine Morel peut se donner le luxe de répondre :

— Tiens, parbleu ! parce que j'ai eu peur.

L'ALIBI

Pour tout criminel, aujourd'hui, la guerre est mieux qu'une excuse. C'est un alibi. Quiconque s'est « bien conduit » là-bas peut mal se conduire ici, sans inconvénient...

C'est tellement un alibi que les faits opposés semblent s'être passés sur deux planètes fort éloignées l'une de l'autre... Ce qui « là-bas » fut un exploit peut très bien passer « ici » pour un crime. Ça ne fait rien ; le fait d'avoir tué courageusement en temps de guerre donne le droit de tuer impunément en temps de paix.

On comprend fort bien que l'héroïsme passé confère au héros des privilèges spéciaux dans la vie banale (nous voulons dire dans la vie civile) : par exemple s'il s'agit d'obtenir un poste de gardien du château de Chantilly, ou de décrocher un prix littéraire décerné par des dames de lettres.

Quant à l'absolution en matière pénale, il faut se réjouir de ce que les tribunaux ont pris l'habitude d'accorder le bénéfice de l'acquittement ou du sursis aux caissiers fragiles et aux comptables infidèles qui eurent « une belle conduite » pendant la guerre ; les citations inscrites sur le livret militaire compensent les condamnations inscrites sur le casier judiciaire... C'est tout à fait fameux, parce que les patrons et les administrations, au moment d'engager un héros comme caissier ou comptable, commencent à se rendre compte que l'héroïsme n'est pas une référence.

Mais nous devons refuser aux héros le privilège de l'assassinat dans la vie civile, même s'ils exercent sur leurs propres enfants cette glorieuse prérogative.

Le jury lui-même commence à en revenir.

Jeudi, la Cour d'assises de la Seine a jugé un nommé Maure, qui, se préparant à zigouiller un copain chez un bistro de la rue Popincourt, commença par cette déclaration de principes :

— Ah ! et puis, je ne risque rien... J'ai la croix de guerre. On ne me condamnera pas.

Il dit et larda de quatorze coups de couteau son copain Bouché, qui ne tarda pas à expirer.

?

Le métier de faux aviateur est un fameux métier en temps de paix. Le faux aviateur a tout pour lui : la gloire, l'amour, l'argent.

L'aventure de M. Robert-Lucien Gourdin me

semble admirable. M. Robert-Lucien Gourdin, gigolo sans connaissances spéciales, se fit construire un uniforme de capitaine aviateur, sur lequel il exposa dix-sept décorations, une rosette de la Légion d'Honneur et une Croix de guerre qui avait 35 centimètres de long et portait 27 palmes. Il dressa la liste des avions allemands qu'il avait abattus : 37 officiellement et 36 à titre confidentiel. Puis il se lança dans le monde, sous les noms d'Arrachart, de Marinovitch et de Pelletier d'Oisy... Sans doute allait-il un peu fort... Non ; quand on prend du galon, on ne va jamais trop fort.

On s'arracha le héros, qui avait admirablement choisi ses terrains de manœuvre : Paris, le paradis des escrocs ; la Côte d'Azur, terre bénie du bluff, et le Nord industriel, où coule le Pactole.

Le capitaine-aviateur était reçu dans des familles riches et honorables, qu'il éblouissait du récit de ses exploits... Il commençait par taper le monsieur tant que ça pouvait rendre ; puis il enlevait la dame ou la jeune fille de la maison avec tout l'argent et tous les bijoux que la dame ou la jeune fille était en situation d'emporter. Lorsqu'il avait dépensé les billets et mis les bijoux au clou, il laissait tomber sa conquête ; il acceptait une autre invitation, et il remettait ça.

Entre temps, l'irrésistible aviateur bricolait, effeuillant un carnet de chèques auquel ne correspondait aucune provision et accordant à des actrices connues de coûteuses nuits d'amour (coûteuses pour la dame, qui le lendemain trouvait vide son coffret à bijoux).

Cette vie-là aurait pu durer indéfiniment (mesurez la portée de ce que je vous dis) si on ne s'était pas aperçu que le célèbre aviateur était un faux aviateur...

Vous ne plaignez pas les victimes de M. Robert-Lucien Gourdin ? Vous avez raison.

C'est rudement bien fait pour les victimes de M. Robert-Lucien Gourdin. Il n'est pas permis d'être aussi bête. La bêtise, poussée à ce degré-là, doit être considérée comme un délit d'habitude. et sévèrement punie par la justice immanente.

Nous avons tous ri aux dépens de la famille Nupkins... Car M. Robert-Lucien Gourdin, comme tous les personnages imaginables, est dans Dickens. C'est un escroc nommé Jingle ; sous le nom et le costume d'un capitaine Fitz-Marschal, il s'introduit dans la famille Nupkins, démesurément fière d'avoir apprivoisé un oiseau aussi brillant. Et, au moment où il est démasqué par M. Pickwick, il s'apprête à enlever la jeune fille de la maison, comme il a enlevé précédemment une vieille demoiselle pourvue de rentes...

Ce qui n'a rien à voir avec le redoutable point d'interrogation que je vous pose :

Si le faux capitaine-aviateur avait été un véritable capitaine-aviateur, héros authentique de la guerre, se serait-il trouvé une seule de ses victimes pour porter plainte ?

Je vous entends. Jamais un héros authentique de la guerre n'aurait commis des actions aussi honteuses.

Je veux bien vous croire.

Mais réfléchissez un peu :

Pour ses dupes, M. Robert-Lucien Gourdin était un véritable capitaine-aviateur, héros authentique de la guerre. Et les dupes du prétendu capitaine-aviateur admettaient qu'un véritable capitaine-aviateur pût être larron d'argent et d'honneur.

Impunément, pendant plus d'un an, M. Gourdin a pu commettre des escroqueries, des abus de confiance et de scandaleux tapages. Impunément, il a pu émettre des chèques sans provision. Impunément, il a pu détourner des mineures, mettre à mal des jeunes filles de bonne famille, enlever l'épouse et la caisse dans les familles où il était reçu.

Et personne n'a même pensé à se plaindre de l'homme tant que tout le monde a cru que l'uniforme était un véritable uniforme...

« C'est-y raisonné, ça ? » comme me dit mon coiffeur lorsque, par une dialectique serrée, il m'a démontré l'indignité du favori dans le handicap.

Et, en vérité, après avoir étudié les performances de M. Barbas, le fameux héros qui massacra son fils, et de M. Gourdin, admiré l'uniforme de M. Gourdin et le gourdin de M. Barbas, on peut conclure que messieurs les héros auraient tort de se gêner.

LES DROITS DU GUERRIER

On attache beaucoup trop d'importance, en Allemagne, à la condamnation du général von Nathusius, jugé par ses pairs pour un délit de droit commun.

Mais, en France, les pairs du général von Nathusius ont attaché beaucoup trop d'importance à un fait qui, ne constituant pas un crime inscrit dans le Code militaire, ne peut représenter un délit que du point de vue négligeable où se placent les civils.

Le général von Nathusius se trouvait en villégiature, pendant la guerre, dans un château français. Lorsque, par des circonstances indépendantes de sa volonté, il se vit obligé de prendre congé, il emporta quelques petits souvenirs, comme fit, plus récemment, M. le comte d'Abzac dans un château voisin de Montauban, pour rendre hommage au bon goût apporté par ses hôtes dans la composition de leur mobilier.

Nous ne prétendons pas que le geste du général, accompli en temps de paix, eût mérité d'être glorifié comme un fait d'armes particulièrement méritoire. Nous prétendons qu'en temps de guerre c'est un de ces faits presque normaux dont on ne parle pas et dont il est de mauvais goût de se souvenir.

Ce général a embarqué un service de table qui ne lui appartenait pas et l'a dirigé sur Berlin.

Ah ! si nous n'avions que des faits semblables à reprocher aux généraux... Si nous n'avions pas d'autres griefs contre la guerre... Comme nous aurions du plaisir à crier : « Vive la guerre ! Vivent les généraux ! »

Car enfin, même cette absurdité qu'est la guerre doit comporter une certaine logique.

Les massacres en masse sont une besogne utile, et même essentielle, puisqu'il s'agit de supprimer les soldats qui composent l'armée ennemie et les civils qui l'alimenteront plus tard. Un général fait œuvre pie en fusillant ses propres soldats qui dorment en service commandé, car on ne saurait imaginer un meilleur moyen de les réveiller. Les incendies, les réquisitions, qui sont une forme régulière et organisée du pillage, les prises d'otages, les rançons imposées aux villes prisonnières font partie du jeu normal de l'institution. La guerre, c'est le meurtre, le vol, le viol, le brigandage. Les vainqueurs s'en vantent ; les vaincus oublient... (ou réciproquement, comme nous l'avons constaté depuis l'armistice).

Les grands criminels sont absous **ou** portés sur le pavois. Et puis, au bout de six ans, on fait passer au tourniquet un pauvre petit général boche qui a commis une toute petite filouterie, comme il s'en commet vingt par jour dans les grands magasins.

Il a suivi une tradition, ce brave homme, une tradition qui n'a jamais cessé d'être en honneur depuis qu'il y a des généraux et des dépouilles opimes. Il est honorable de conquérir un territoire, c'est-à-dire des biens immeubles appartenant à l'ennemi.Est-il moins honorable de conquérir les biens meubles qui sont sur le territoire ? Lorsqu'une armée évacue une région occupée, elle ne peut emporter avec elle les champs, les arbres et les maisons. Du moins peut-elle emporter les pendules et les services de table. Le civil dont on a brûlé la maison et fauché les arbres à coups de canon se rendrait ridicule en se plaignant de ce qu'un général ennemi a sauvé son argenterie du sinistre; il doit être heureux et surpris d'avoir conservé la vie.

Lorsque j'étais enfant, j'allais parfois chez deux glorieux généraux qui, faute d'occasions, n'avaient pas fait de guerre européenne (du moins de ces guerres qui se passent chez l'ennemi)... Mais, dans leurs maisons, il y avait de bien jolies choses, provenant d'une part, de Chine et, d'autre part, d'Algérie. Lorsqu'on leur demandait s'ils avaient acheté ces objets, les deux généraux se montraient fort indignés d'une telle supposition. En ce temps-là, les parts de prises étaient régulières.

Je n'ai jamais entendu dire qu'Abd-el-Kader et l'empereur de Chine, qui étaient des personnes bien élevées, aient émis des protestations discourtoises contre un procédé aussi naturel.

LE CLAIRON DE L'ARMISTICE

M. Pierre Corneille, représentant de commerce à Lamballe (Côtes-du-Nord), m'adresse une lettre frémissante d'indignation et pleine de beaux sentiments. Car M. Pierre Corneille sait ce qu'il doit au nom qu'il porte. Il a découpé, le même jour, dans le même journal, deux filets dont le rapprochement, amusant pour un sceptique désabusé, peut révolter une âme généreuse :

LE CLAIRON DE L'ARMISTICE
REÇOIT LA LÉGION D'HONNEUR

Paris, 11 *février*. — Une imposante cérémonie militaire s'est déroulée, à 14 heures, dans la cour d'honneur des Invalides, en présence d'une foule considérable.

Le général Debeney, chef d'état-major général de l'armée, a remis au caporal-clairon Sellier, qui, le 11 novembre 1918, sonna la cessation des hostilités, la croix de la Légion d'Honneur.

Après le défilé des troupes devant le nouveau légionnaire, le général Gouraud, gouverneur militaire de Paris, a remis au directeur du Musée de l'Armée, le général Mariaux, les drapeaux hors d'usage ainsi que le clairon de l'armistice et son fanion.

ON A DÉCORÉ HIER
UNE NOUVELLE VICTIME DES RAYONS X

M. Henri Bourdon, amputé de plusieurs doigts
a dû subir en outre l'ablation d'un rein

Hier, à 16 heures, dans le petit bureau de M. Myey, directeur de l'hôpital Saint-Louis, M. Louis Mourier, directeur général de l'Assistance Publique, informé de l'état de M. Bourdon, remettait à celui-ci la médaille d'argent de l'Assistance Publique.

— Eh quoi ! s'écrie M. Pierre Corneille, on mobilise un état-major, on assemble une foule considérable, dans un décor historique pour décorer pompeusement un instrument d'où ne sortit, en somme, que du vent !

« Pendant ce temps-là, dans le « petit bureau » d'un hôpital, on remet confidentiellement à un véritable héros une récompense dérisoire. Henri Bourdon a organisé le laboratoire de Saint-Louis, assuré le service de radiologie pendant la guerre; il a déjà perdu à ce jeu plusieurs doigts et un rein... et ça ne fait que commencer. Alors, on lui offre une médaille d'argent qui représente un troisième prix d'harmonie pour un orphéon de province... »

Oui... Jadis, j'ai partagé cette indignation. J'ai même fait campagne pendant deux ans pour obtenir que le docteur Guilbert (dont la carrière est parallèle à celle de M. Henri Bourdon) fût chevalier de la Légion d'honneur. Et, pour arriver à ce résultat, il a fallu soulever le Quartier Latin et faire sauter un politicien influent installé, comme chez lui, dans une chaire de l'Ecole de Droit.

J'ai eu tort. Je comprends maintenant ce que je ne comprenais pas.

La Légion d'honneur n'a pas été créée pour les héros, elle a été créée pour les soldats. Par extension, elle doit honorer ceux qui, comme les soldats, exercent une profession agressive, ostentatoire, toute en démonstrations extérieures : par exemple, les gens de lettres, les comédiens et les danseuses.

Quant aux savants, aux prêtres, à ceux qui mettent leur orgueil dans le sacrifice volontaire et leur joie dans l'accomplissement du bien, c'est leur faire injure de supposer que leur récompense puisse être accrochée au revers de leur vêtement. On ne récompense pas de la même façon ceux qui tuent et ceux qui sauvent...

Telle est l'étrange erreur de M. Pierre Corneille, qui cependant, à l'occasion de la cérémonie célébrée dans la cour d'honneur des Invalides, avait une occasion superbe de montrer des sentiments vraiment cornéliens.

Eh quoi ! on porte sur le pavois l'homme abominable qui sonna : « *Cessez le feu !* » alors que l'ennemi foulait encore le sol sacré de la patrie ! le traître qui fut l'instrument d'une paix prématurée, boîteuse, perfide, semée de pièges et fertile en désastres... Il n'est pas un soldat français vraiment digne de ce nom qui eût consenti à annoncer la fin d'une guerre glorieuse... Supposez qu'aucun soldat n'eût consenti à claironner l'armistice... La guerre durerait encore et nous ne serions pas empêtrés dans une paix dont nous ne savons plus comment sortir... Qu'on fusille en musique le caporal-clairon Sellier !

Mais M. Pierre Corneille pense sans doute que le clairon Sellier ne mérite (comme écrivait l'autre) ni cet excès d'honneur ni cette indignité... Et le clairon de l'armistice est bien à sa place, dans ce Musée de l'Armée où le général Mariaux serre bien soigneusement les « drapeaux hors d'usage ».

C'EST JEUNE ET ÇA N'SAIT PAS.

Ainsi M. Rio, sous-secrétaire d'Etat à la marine marchande, ministre discret, naval, pacifique et apparemment peu qualifié pour inaugurer les morts de la grande guerre, a présidé la cérémonie du Faouët, qui a fourni un contingent exceptionnel de victimes.

Il a cité spécialement le cas de Jean-Corentin Carré, dit le Petit Poilu du Faouët, héros prématuré qui mourut à 18 ans, après avoir fait la guerre pendant quatre ans.

Ce récit m'a rempli d'horreur et de consternation.

Le jeune Jean-Corentin allait à l'école, où son instituteur, M. Mahebeze, patriote incandescent, lui bourra solidement le crâne, par principes.

La guerre survint. Je ne sais pas si M. Mahebeze resta ; mais Jean-Corentin Carré voulut partir. Il avait 14 ans ; l'enfant réussit à s'engager sous un faux nom.

Jusqu'à présent, la machine militaire est seule responsable ; si elle commet parfois, entre autres crimes, quelques détournements de mineurs, on doit l'excuser, parce qu'elle agit toujours sans discernement.

Mais voici une responsabilité personnelle qui se

trouve engagée : le 19 juin 1916, le jeune Carré est nommé sergent. Il a 16 ans... Si ça ne fait pas pitié !... Le jeune Carré écrit à son colonel pour lui révéler son âge et sa situation, en exprimant le désir de reprendre son nom.

Vous croyez peut-être que le colonel a haussé les épaules en chantonnant : C'est jeune et ça ne sait pas... » Vous croyez peut-être que cette chanson de route s'est terminée par un autre refrain connu : « Ses parents sont venus le chercher... »

Pas du tout. Je vous donne en mille la décision du colonel.

Le colonel a répondu au gosse en le nommant adjudant.

Le maître d'école, ça fait un.

Le colonel, ça fait deux.

Je demande ce qu'on va faire au maître d'école, criminel inconscient, et au colonel, criminel conscient.

Parce que l'aventure a fini comme elle devait finir. Le Petit Poilu du Faouët est tombé au champ d'honneur le 18 mars 1918, dans l'innocence de son âge.

Les enfants ont besoin de protection; il doivent être surtout protégés contre eux-mêmes.

Un gosse de 14 ans fait toujours des rêves d'héroïsme et d'indépendance, l'indépendance et l'héroïsme étant pour lui des formes honorables de l'école buissonnière.

Il veut être roi ou Robinson ; il veut être Don Juan ou mousquetaire. Si on lui dit : « Trop gosse! » il vous répond : « Il y a eu Bara. Il y a eu Viala. Il y a eu Chérubin... » Trois petites dupes du patriotisme ou de l'amour.

L'homme qui veut faire l'ange réussit à faire la bête, mais il n'y a pas moyen de l'en empêcher. L'enfant qui veut faire l'homme réussit quelquefois à se faire tuer; il faudrait lui faire comprendre que c'est un moyen de faire la bête. Le droit de se faire tuer revient aux grandes personnes, qui ont pesé le pour et le contre. Le devoir de se faire tuer revient à ceux qui sont obligés de se faire tuer volontairement, par patriotisme.

Après l'âge de 18 ans, c'est obligatoire. Avant l'âge de 18 ans, ce n'est même pas facultatif. C'est défendu par les règlements.

Glorifier Bara, Viala et le jeune Carré, c'est encourager l'insubordination, l'indiscipline et la désobéissance aux lois.

Qu'est-ce qu'on va faire au maître d'école du Faouët ? Qu'est-ce qu'on va faire au colonel du 410ᵉ, qui donna à un écolier les galons d'adjudant ?

Et qu'est-ce qu'on va faire à M. Rio, sous-secrétaire d'Etat à la marine marchande ?

CEUX QUI NE PEUVENT PAS RÉPONDRE.

Ils étaient six, qui faisaient partie d'un lot de soixante reçu la veille, et qu'on enterrait ce matin-là.

Car il y a actuellement sur les voies ferrées un trafic important de poilus. Ils reviennent sans hâte, dans leurs cercueils individuels: on les répartit dans les régions dont ils sont originaires, et on les aligne dans la terre sur laquelle ils sont nés.

C'est très bien. Le malheur est que, sur la tombe de ces morts méconnus, un imbécile trop vivant

éprouve toujours le besoin de prononcer un discours.

Ils étaient six, bien alignés dans le petit cimetière de cette sous-préfecture. L'imbécile ne man-
qua pas au rendez-vous. Il avait quatre galons; il
était commandant d'armes de la place.

Si cet homme avait su vivre, il n'eût eu qu'un
mot à dire aux hommes qui avaient su mourir... le
mot qu'un officier bien élevé prononce toujours
lorsqu'il se trouve devant six soldats alignés.

Il eût dit : « Repos ! »

Or il fit cette chose énorme : il se mit à féliciter
les poilus morts, non point de leur dévouement
passé, mais de la situation enviable qu'ils avaient
acquise pour l'avenir.

Il prononça ces paroles :

« Vous allez maintenant goûter le sommeil éternel dans la tombe familiale. Vous goûterez dans le
sol natal la douceur de sentir de pieuses et chères
mains déposer sur la pierre qui vous recouvrira
des fleurs et des couronnes, gages d'une pieuse
tendresse pour vos mânes. »

Sur quoi, un autre orateur, fort excité, ne man-
qua pas de citer les vers « du poète » :

> Mon enfant n'a vécu qu'un jour,
> Mais il est mort pour la Patrie.
> Si vous voulez qu'au noir séjour
> Son âme descende fleurie,
Cueillez tous les lauriers dans les bois d'alentour.
> Mon fils est mort pour la Patrie.

Je ne sais pas et ne veux pas savoir qui est « le
poète ».

Je trouve ses vers dignes d'être insérés au fond
d'une assiette à soupe, dans une auberge de province.

Mais je les trouve un peu déplacés dans un cimetière. Et voici la forte impression que j'ai rapportée de la cérémonie. C'est une définition synthétique du poilu :

Le poilu est un bonhomme qui ne peut pas répondre.

Il ne peut pas répondre quand le caporal lui dit de balayer la cour.

Il ne peut pas répondre quand le capitaine lui dit d'aller se faire tuer.

Et lorsqu'il s'est fait tuer, il ne peut rien répondre au commandant d'armes qui lui sert des boniments dans ce goût :

« Heureux veinard, vous voilà maintenant rentré dans vos foyers, au milieu de votre famille... Vous allez en avoir des fleurs et des couronnes !... Plus d'embêtements; la tranquillité la plus complète... La mort, c'est la vie de château... Nous vous l'avions bien promis, que vous seriez gâté quand vous rentreriez au pays après la victoire. »

Est-ce pour rien que le poilu inconnu, piétiné jour et nuit sous le passage banal de l'Arc de Triomphe, se dévoue pour toutes les corvées, sert de cible à tous les discours, à toutes les couronnes, à tous les vivants qui veulent prendre sa tombe pour un tréteau ou pour un tremplin ?

LA MÉLANCOLIE DE M. PAUL LEFEBVRE

Je trouve dans le *Bulletin de la Société de Géographie de l'Afrique du Nord* (tome II, p. 215) une page qui mérite une plus large publicité. Pour des motifs que vous comprendrez, tout honnête homme doit participer à la diffusion des idées de M. Lefebvre (Paul), « ancien élève de l'Ecole Normale Supérieure, ancien capitaine d'état-major, avocat ».

Voici ce qu'écrit M. Paul Lefebvre, parlant de la guerre passée :

« ... Les souvenirs se fondent en une profonde admiration, par moments en un regret intense de cette époque grandiose. Il est en effet un sentiment curieux que vous avez sans doute entendu exprimer, non sans être quelque peu scandalisés : je veux dire la nostalgie de la guerre; pas franchement, pas nettement, mais par des exclamations, des allusions, des comparaisons... On ne saurait se défendre de la nostalgie d'une époque où l'humanité nous est apparue très belle, très noble et, par éclairs, sublime. Regret, inévitable pour le chef, de cette sensation si forte du commandement, d'avoir des hommes à soi, d'en être le maître après Dieu, devant la mort, de porter le poids de ces destinées et parfois du sort de la bataille... Regret, inévitable pour le soldat, de la sécurité sous un commandement auquel il faisait confiance, qui entraînait et qui guidait, qui donnait cette inappréciable facilité d'agir, de vivre et de mourir que l'on trouve à suivre un chef en qui l'on croit.

« Tout cela a fait naufrage dans la paix. Nous n'en pouvons perdre de sitôt le souvenir et par moments il nous vient une grande mélancolie. »

Et voilà pourquoi M. Paul Lefebvre est triste.

Il faut savoir gré à M. Paul Lefebvre de nous avoir exposé aussi clairement, aussi franchement les raisons de sa tristesse. Il faut savoir gré à M. Paul Lefebvre d'avoir étalé avec une telle candeur les sentiments qui agitent M. Binet-Valmer, mais que M. Binet-Valmer, faute de savoir s'exprimer en français, laisse seulement transpirer au cours de ses crises d'épilepsie littéraire.

Il faut savoir gré à M. Paul Lefebvre de nous offrir un cas très net de psychologie morbide, fréquente chez les capitaines d'état-major, mais procédant d'ordinaire par manifestations insidieuses et sournoises.

Voici un être qui n'est pas un corbeau, ni un mercanti, et qui aime tout de même la guerre; qui l'aime avec une tendresse désintéressée, avec une sentimentalité étrange.

Voici un être humain qui a une certaine culture, puisqu'il est sorti de l'Ecole Normale Supérieure, et dont le sens esthétique a dû être affiné par l'éducation. Il trouve l'humanité « très belle, très noble et, par éclairs, sublime » à l'heure où l'humanité se rue au massacre... Ce n'est pas un guerrier anthropophage entraîné par son appétit, ni même un militaire patriote excité par la haine de l'ennemi... Aucune haine dans son admiration qui s'étend sur toute l'humanité combattante... Au contraire, une fraternité sanglante... Une déviation de l'instinct sportif... Un dilettantisme féroce... Une sorte de sadisme par quoi cet intoxiqué considère la paix comme un naufrage, devant que les cadavres soient refroidis.

Ce sadisme se développe volontiers chez les hommes qui ont sur d'autres hommes droit de vie et de mort sans contrôle. Il est exercé fréquemment sur des nègres désarmés par des chefs coloniaux, sous couleur de civilisation. Il est exercé régulièrement, en temps de révolution, par des chefs provisoires, sous couleur d'épuration et d'affranchissement. Combien de nègres et de blancs armés furent victimes de cette fièvre meurtrière, au cours de la dernière guerre, sous couleur de patriotisme !

Ne devrait-on pas enfermer les chiens qui, mélancoliquement, hurlent à la mort, les fous qui, sortant d'un bain de sang, proclament leur nostalgie, les criminels qui convient l'humanité à de nouveaux massacres comme à de nouvelles fêtes ?...

Ceux qui se sont sacrifiés pour que nos enfants n'aient plus jamais la guerre se taisent pour toujours. La parole n'est pas à ceux qui veulent que nos enfants n'aient plus jamais la paix.

LES DEUX CORTÈGES.

Le matin du 11 novembre, il y aura le défilé de tous ceux qui sont contents; tous ceux qui ont des raisons de croire que la guerre est une belle et bonne chose, parce qu'elle leur a permis de devenir généraux, ministres, millionnaires, sergents de ville ou académiciens. Bien que ces gens tiennent beaucoup de places, il y a lieu de supposer que l'avenue des Champs-Elysées sera assez large pour leur glorieuse manifestation.

Mais, l'après-midi du 11 novembre, il y aura le défilé de tous ceux qui ne sont pas contents. Bien que ces gens se fassent tout petits, on peut craindre que les rues ne soient pas assez larges pour leur foule innombrable.

Le cortège de l'après-midi réunira toutes les victimes de la guerre. En tête marcheront les aveugles de guerre et les « gueules cassées »; puis les manchots, culs-de-jatte et mutilés divers. Je suppose qu'à la suite viendront les anciens bourgeois porteurs de fonds russes et les petits retraités à trois mille francs par an; et puis tous ceux qui sont dans la rue parce qu'ils ne trouvent pas à se loger; et puis tous ceux qui ont trop d'appétit pour trop peu qu'ils ont à manger; et tous ceux et toutes celles dont la gloire a brisé le cœur, ou le foyer, ou le bonheur dans le passé, ou l'espoir dans l'avenir; tous les hommes qui après la guerre n'ont plus retrouvé leur femme, et toutes les femmes à qui, après la guerre, on a rendu leur homme confortablement emballé entre six planches... Enfin, pour ne pas détailler, derrière les aveugles marcheront ceux à qui la guerre n'a laissé que les yeux pour pleurer.

Ce sont les gens qui, n'étant pas contents de la guerre, ne sont pas encore contents de la paix. Ce sont les gens qu'il n'y a pas moyen de contenter. Ce sont des ingrats que ne saurait satisfaire ni l'occupation ni l'évacuation de la Ruhr, ni la prospérité de la banque et du haut commerce, ni la flamme éternelle qui brûle sous l'Arc de Triomphe. Ils voudraient encore qu'on leur donne à manger.

On vient d'ouvrir une souscription pour la « Maison des Gueules cassées ». Les établissements Hotchkiss et Cie ont offert 5.000 francs (don des mitrailleuses reconnaissantes). Et voici que les mutilés de la face, au lieu d'aller se cacher décemment dans la retraite qu'on leur a ménagée, vont défiler dans les rues de Paris, étaler publiquement des physionomies peu présentables, et par ce tableau décourager ceux qui seraient tentés d'aller se faire casser la figure lorsqu'on affichera le prochain ordre de mobilisation. Ce sont des ingrats...

L'itinéraire du cortège est publié. Les victimes de la guerre n'iront pas voir le poilu inconnu : qu'est-ce que ce pauvre diable pourrait faire pour ces pauvres diables ? Il a fait ce qu'il a pu : il s'est fait tuer, et comme ça il est exempt de défilé.

On a très bien fait d'éviter la coïncidence des deux cortèges en les écartant l'un de l'autre, sinon dans l'espace, du moins dans le temps.

Car, s'ils avaient été exposés à se rencontrer, ça ne se serait certainement pas passé aussi gentiment que dans le sonnet de Joséphin Soulary.

Les manifestants du cortège glorieux n'auraient peut-être pas pleuré en voyant défiler le cortège douloureux.

En tous cas, les gueules cassées et autres victimes de la guerre n'auraient pas souri avec attendrissement en voyant passer les bénéficiaires de leurs maux.

ASSEZ !

Ils vont encore remettre ça aujourd'hui.

La médaille d'honneur du Congrès américain a été décernée au Soldat Inconnu, qui, une fois de plus, va être victime d'une parade de décoration. Les troupes américaines, qui s'étaient éloignées provisoirement après la signature du traité de paix transitoire, sont revenues pour redéfiler sous l'Arc de Triomphe. Le général Pershing et Charlot se tiendront sur le terreplein. Le président de la République, les maréchaux de France et une escouade de simples généraux commandés par le ministre de la guerre défileront devant les troupiers massés sur leur passage; et les troupiers, qui, pour leur dimanche, avaient espéré sortir en ville d'une façon moins glorieuse, seront encore de la revue.

Et le Poilu Inconnu, le pauvre Poilu Inconnu au

repos sans cesse troublé, le seul mort parmi les morts qui n'ait pas droit à la paix éternelle, le Poilu Inconnu sur qui pleuvent les décorations et les médailles comme pleuvaient de son vivant les jours de consigne et les nuits de salle de police, le pauvre Poilu Inconnu va de nouveau se poser les questions insolubles dont le point d'interrogation est toute la philosophie du métier militaire :

« Qu'est-ce que j'ai encore fait ? Pourquoi est-ce que c'est toujours les mêmes qui trinquent ? »

Puis sa prière montera suppliante parmi les voix des autres martyrs :

« Faites, mon Dieu, pour le repos des camarades qui voient encore la lumière du jour, faites qu'ils n'aient pas l'idée de me nommer caporal ! »

En vérité, il ne faut pas jouer avec les morts.

Les spirites jouent avec les morts dans d'excellentes intentions, puisqu'ils veulent les faire revivre. Les militaires se livrent à ce jeu sacrilège dans un but détestable, et c'est pour une œuvre de mort qu'ils évoquent un misérable fantôme.

Le dogme officiel est bien celui-ci, n'est-ce pas : cet homme est mort pour notre salut, pour notre rachat; il est mort pour avoir combattu la haine et après avoir assuré la paix à nos enfants; et c'est pourquoi nous devons nous incliner respectueusement devant ses restes.

Inclinons-nous silencieusement.

Mais alors, pourquoi, sur sa tombe, faites-vous continuellement retentir le fracas des armes et la provocation des mensonges belliqueux ? Pourquoi ce lieu de pèlerinage est-il pour les chefs bottés et galonnés un lieu de rendez-vous qui ressemble étrangement à une conjuration ? Pourquoi le mort inconnu leur est-il un prétexte à exalter l'esprit militaire et à organiser ces cavalcades tumultueuses qu'ils n'oseraient pas — non, qu'ils n'oseraient pas — organiser ailleurs et autrement ?

Dérision, en vérité, dérision que ces hommages respectueux rendus au soldat mort pour les hautains profiteurs qui surent cueillir la feuille de chêne et cultiver la graine d'épinard... pour ces généraux par qui le massacre de quinze cent mille soldats vivants ne fut envisagé que comme l'usure d'un outil tactique ou une soustraction numérique opérée sur des feuilles d'effectifs.

Je regrette le temps où ces parades avaient lieu devant la pierre insensible de la statue de Strasbourg.

Un soldat mort doit avoir le droit, à la fin, de n'être plus un soldat, mais un mort. C'est un avancement qu'il a bien mérité.

Comme la chair, l'étoffe de l'uniforme tombe un jour en poussière.

Une âme libérée ?... Peut-être... En tout cas, un squelette affranchi.

LE DEMI-POILU INCONNU.

La fête du 11 novembre, qui, cette année, tombait le 13 novembre, a été célébrée avec la solennité habituelle, et vous savez quels personnages trop connus ont, une fois de plus, vu leurs noms dans les journaux à l'occasion d'un pèlerinage national à la tombe du soldat sans nom.

L'après-midi, ce fut mieux : une foule anonyme, recueillie, glacée par le froid et réchauffée sans doute par une flamme intérieure, ceignait d'un triple bandeau la base de l'arc funèbre, et cette patiente piété avait quelque chose d'admirable.

Mais j'ai vu ceci :

Un mutilé, monté sur un plateau roulant parce qu'il n'avait plus de jambes, traversa en pagayant la place de l'Etoile et arriva au terme du pèlerinage.

Il n'était pas amené par une pieuse pensée; il était poussé par un plus âpre souci. Toujours ramant, il se mit à faire le tour de l'honorable société, à qui il essaya de vendre des lacets de chaussures et des cartes postales.

Un agent, qui avait l'air bon homme, mais qui avait sans doute reçu une consigne, jugea que ce n'était pas une chose à faire. Il s'avança vers le demi-poilu inconnu et baissa les yeux sur lui.

— Allez-vous-en ! dit-il d'un ton paternel.

Le demi-poilu leva le nez et répondit d'une voix douce :

— Foutez-moi la paix...

— Non, dit l'agent.

Le cul-de-jatte demanda :

— Est-ce que je n'ai pas le droit d'être ici comme tout le monde ?

— Alors rentrez votre fourbi et mettez-vous dans le rang...

Le demi-poilu murmura que c'était tout de même malheureux et essaya de semer l'agent; mais l'agent, bien qu'il ne fût pas monté sur roulettes, se maintint sans effort dans le sillage du radeau.

— A bas la guerre ! cria le mutilé, qui regrettait ses jambes.

Ce cri n'est pas subversif, mais il est sacrilège. Il attrista l'agent qui, d'un geste émouvant, montra la tombe où s'amoncelaient des fleurs :

— Vous ne devez pas dire ça ici !

Le demi-poilu regarda piteusement ses lacets qui représentaient pour lui l'espoir d'un dîner. Mais il renonça au projet de prendre à témoin la foule impassible... A son tour, il tendit le bras vers le tombeau où reposait le glorieux camarade :

— Il n'a pas besoin de manger, lui !

Et vraiment, il dit ainsi ce qu'il fallait dire.

Le sergent de ville avait raison dans le sens des choses respectables et des propos convenables qui se font et se tiennent sur la voie publique.

Mais le demi-poilu avait raison dans son idée que le culte du poilu inconnu, nécessaire si on veut, n'est pas absolument suffisant. Les plus belles cérémonies ne peuvent faire qu'un seul soldat soit mort pour la France : c'est une fiction officielle et agréable, qui apaise les remords, dissimule les os sous les fleurs et étouffe sous les chants de triomphe les cris des affamés... L'apothéose d'un mort parmi les morts ne contente pas ceux qui ont en partie survécu.

La guerre est une chose très belle si on l'envisage comme un procédé d'extermination radicale qui, supprimant les êtres, supprime du même coup les difficultés.

Mais ce que je reproche à la guerre, c'est de faire les choses à moitié.

Et, décidément, l'agent a seul raison : le Poilu Inconnu nous manquerait. C'est le demi-poilu qui est de trop.

LES BÉGONIAS FLÉTRIS.

Un instituteur veut bien me communiquer, avec ses réflexions personnelles, un morceau littéraire qui a servi de sujet de composition pour le brevet élémentaire et le concours d'admission aux écoles normales.

C'est intitulé « Verdun »; c'est signé P. Trayon et extrait de la *Revue des Deux-Mondes*. On y relève les phrases suivantes :

C'est toujours un nouveau plaisir *et comme* une légère ivresse *de se trouver dans ce lieu fameux... qu'est devenue désormais, par la grâce de l'empereur allemand, la citadelle de Verdun.*

Un des attraits de ce surprenant décor, c'est la surprise toujours fraîche *des personnages qu'on y croise : la presse, les hommes d'Etat des deux mondes,* les potentats de la finance et des affaires, *des souverains, des reines.*

Au reste, ce n'est plus le Verdun de la belle époque, *le Verdun en danger et en alerte continue, le Verdun de l'année sublime...* Qui aurait eu le privilège d'être condamné à la prison dans l'enceinte de la citadelle depuis les jours tragiques de février 1916 pourrait se vanter d'une bonne fortune *que lui envieraient l'histoire et le roman de l'avenir...*

Je ne connais pas M. Trayon, dont le caractère émotif me semble un peu spécial. M. Trayon est parfaitement libre d'éprouver un plaisir toujours nouveau et une ivresse toujours légère devant une belle cascade de ruines ; il est libre de communier, dans la fraîcheur de sa surprise joyeuse, avec les potentats de la finance et des affaires ; il est libre, enfin, de cueillir des bégonias flétris à l'ombre des croix de bois dont l'œil tricolore le regarde.

Mais ce qui me chiffonne, c'est qu'on ait mis ces fleurs vénéneuses à sécher dans les livres scolaires.

Mon correspondant insiste sur ce fait que, dans les nouveaux livres de classe, une trop large part est déjà faite à la guerre. Qu'il s'agisse de manuels d'arithmétique, de grammaire ou de lecture, il n'est question là-dedans que de troupes, de mitrailleuses, de canons, de plaies et de bosses : calculs de quantités de projectiles : récits de carnage à l'occasion desquels on demande de souligner les pronoms démonstratifs ou les verbes transitifs nécessaires à la description du désastre ; narrations françaises qui doivent être préparées, non pas comme l'amère potion d'Henri Barbusse, mais comme l'écœurante camomille d'Henry Bordeaux.

Cette débauche de termes guerriers, ces récits de massacres collectifs sont présentés adroitement et de façon à créer une atmosphère enivrante pour l'âme insouciante et anarchiste de l'enfant. La servitude militaire n'y apparaît point, mais on y montre constamment l'exploit individuel et le glorieux débraillé de la vie des camps : nulle contrainte ; on joue au sauvage... La belle vie où on se moque du chaud comme du froid, où justement il est recommandé de marcher à quatre pattes et où le port de vêtements sales et déchirés est considéré comme un signe de bonne tenue devant lequel s'extasient les vieilles gens d'où vient la loi...

Le professeur qui m'écrit a posé cette question à ses élèves :

« Qui a le mieux mérité de l'humanité, de Gutenberg ou du moine qui inventa la poudre ? »

Une grosse majorité s'est prononcée pour le moine (peut-être aussi par rancune contre l'inventeur de l'imprimerie qui, au point de vue écolier, est créateur d'embêtements durables).

Une pédagogie criminelle, spéculant sur l'amour

des enfants pour le bruit et le mouvement, sur l'amour des adolescents pour le panache, présente la guerre comme le jeu idéal des jeunes mâles...

La moisson est préparée. Les bégonias refleuriront. Les beaux jours reviendront à la faveur d'un nouveau Sarajevo pour les marchands d'obus et de pinard, d'avions et de légumes secs, de plans d'offensive et de cercueils blindés.

J'imagine, dans quarante ans, la foule hurlant : « A Berlin ! » ou « A Londres ! » ou « A Pékin! » et huant le vieux soldat de 1914, qui, de ses bras débiles, essaiera de lui barrer la route et criera d'une voix suppliante :

— Non ! non !... Je sais, moi, j'ai vu... Pour votre bonheur, pour votre honneur, n'allez pas là-bas !

CHAPITRE VII

LES GENERAUX

Il était une fois un général intelligent...

On le sait maintenant qu'il est mort ; on le dit maintenant qu'il n'est plus dangereux pour personne (car rien n'est plus inquiétant, dans un état-major, que le paradoxe vivant d'une intelligence). Lisez les journaux : ils s'accordent, pour une fois, à déclarer que le général Lanrezac fut une des plus grandes, une des plus belles figures de la guerre ; qu'il sauva l'armée française après le désastre de Charleroi et prépara le succès salutaire de la Marne.

Cependant, le général Lanrezac avait un grave défaut pour un militaire : il cherchait à comprendre... Un pauvre diable de général commandant une armée ne doit pas plus chercher à comprendre qu'un troufion de deuxième classe ; il doit mécaniquement manœuvrer ses régiments sur ordre supérieur, de même que, sur ordre supérieur, le troufion de deuxième classe meut mécaniquement ses bras et ses jambes dans le temps et dans l'espace. Et un simple général qui se montre

plus intelligent que son général en chef offense
gravement la discipline, comme un soldat qui se
montre plus intelligent que son caporal instructeur.

Le général Lanrezac eut le tort de comprend e
des choses que ne comprenait pas le généralissime
Joffre. Le Grand Marnier pria son subordonné
d'aller exercer à l'arrière ses talents stratégiques,
parmi les inaptes, les indisponibles et les incapables... Nous devons supposer que tous les généraux
intelligents ont été envoyés à Limoges pendant la
guerre ; nous devons le supposer pour l'honneur
de l'armée, et pour ne pas juger uniquement les
généraux d'après ceux qui restèrent dans les états-
majors.

Le général de Lanrezac, témoin silencieux et
exaspéré de tant d'erreurs imbéciles ou criminel-
les, ne dissimula pas son exaspération et finit par
rompre son silence. On prétend qu'il mourut,
après une longue agonie, du coup injuste dont il
avait été frappé.

Mais l'injustice persiste après sa mort.

Seules, de flatteuses notes nécrologiques ont
révélé au grand public le nom de ce glorieux
inconnu... Or le public, depuis dix ans, répète avec
une admiration confiante les noms de Joffre, de
Foch, de Pétain et de Gallieni. Quant au général de Castelnau, il se garde de se laisser oublier.
Il fait la guerre en Provence ; hier encore, à Aix,
il conduisait les bataillons d'une procession frénétique à l'assaut de la Tarasque Républicaine,
qui paie ponctuellement à M. de Castelnau ses
appointements de général chouan...

L'amnistie, qui n'améliore pas le triste sort de
pauvres bougres condamnés aux travaux publics

dans l'intérêt de la discipline, est également inutile aux puissants, dont les fautes ont reçu toutes les récompenses civiques, dont les crimes ont été consacrés par une gloire tangible.

Les ministres et les généraux de 1917 ne passeront pas devant la Haute-Cour, ni devant le conseil de guerre. Le maréchal Joffre, dans des circonstances tragiques, a placidement brisé un instrument précieux de victoire et sacrifié un grand soldat, au moment même où sa valeur venait de se manifester avec éclat, un grand soldat qui était en passe de devenir un rival (et cette considération pouvait avoir son poids sur une âme généreuse). Il l'a sacrifié pour une raison d'amour-propre personnel et sous un prétexte protocolaire. La sérénité bovine du maréchal Joffre n'en a pas été troublée, et le Grand Marnier n'en a pas perdu une heure de sommeil...

Voilà pourquoi le nom du général Lanrezac ne doit pas figurer dans l'histoire avec laquelle on fait les manuels scolaires.

Car il ne faut pas donner aux enfants une idée exacte de la guerre et de la gloire ; sans quoi il n'y aurait plus de guerre possible ni de gloire valable.

Par un travers commun aux âmes puériles, les enfants chercheraient peut-être à comprendre si on leur racontait un jour cette histoire :

Il était une fois un général intelligent...

UN GÉNÉRAL INSTRUCTEUR

La presse bien pensante accable de sarcasmes notre ami le général Verraux, qui prit part à la réunion pacifiste de Herne et se prononça pour le désarmement général en ces termes : « Avant tout, il faut mettre fin à la haine et remplacer les casernes par des écoles. L'utopie de la paix deviendra alors une réalité. »

Discours qu'un journal du soir fait suivre de ce commentaire :

« Si l'intérêt était, comme on le prétend, à la base de toutes les actions humaines, il faudrait penser qu'en demandant le remplacement des casernes par des écoles le général Verraux, aujourd'hui à la retraite, cherche une place d'instituteur. »

Si le général Verraux a cette ambition, il faut l'en féliciter. Non pas que sa promotion au poste d'instituteur puisse servir son intérêt particulier : un instituteur est beaucoup moins bien payé, beaucoup moins bien décoré, beaucoup moins bien habillé qu'un général, et il y a là une monstrueuse injustice.

Mais, en devenant instituteur, le général Verraux servirait avec éclat l'intérêt général... D'abord, ça ferait un général de moins et un instituteur de plus. Or le métier d'instituteur consiste à faire des hommes, et le métier de général consiste à les détruire.

Le pédagogue, patiemment, obscurément, s'applique à éveiller les intelligences et à former les consciences des écoliers. Mais, lorsque les petits sont devenus grands, c'est le général qui se charge d'eux, et ça ne traîne pas : il annihile les esprits sous une discipline d'abrutissement respectueux et de soumission mécanique, il fait tomber les cheveux sous la tondeuse égalitaire, et bientôt les corps, rompus à l'alignement vertical, ne sont plus bons qu'à être glorieusement alignés en sens horizontal dans quelque cimetière improvisé.

Et puis le général Verraux, devenu instituteur, donnerait l'admirable exemple (que dis-je ? il le donne déjà) du guerrier converti qui se fait apôtre. Ainsi saint Paul était dans la cavalerie lorsque sa chute sur la route de Damas l'éclaira sur sa véritable vocation et le mit à même d'enseigner les nations.

Tous les amis du général Verraux connaissent sa profonde sensibilité et sa haute intelligence. Ces deux défauts sont incompatibles avec l'état militaire. Le général Verraux joua dans l'armée le rôle de témoin supérieur. Il chercha à comprendre. Il comprit... Et lorsque nous voyons un tel homme porter témoignage contre la guerre, nous devons nous incliner comme nous nous sommes inclinés lorsque nous avons vu, au cours de l'affaire Dreyfus, des officiers supérieurs briser leur épée pour porter témoignage en faveur de la justice, c'est-à-dire contre l'armée.

Le général Verraux, le général Percin et le général Sauret ont montré du courage à la façon de Polyeucte et de Clovis, en brûlant ce qu'ils avaient adoré et en démolissant les idoles sanguinaires. Ils ont montré un courage personnel, alors qu'ordinairement le courage des généraux, c'est le courage des autres.

Evidemment, ils ne donnent pas une preuve de bonne camaraderie en parlant de supprimer la guerre. Ils agissent un peu comme des médecins qui parleraient de supprimer la maladie et de remplacer les hôpitaux par des dancings... Les généraux, comme les médecins, vivent de la mort, mais en considérant la mort sous un aspect plus reluisant, sinon plus avantageux.

J'eus l'occasion, il y a quelques mois, de dîner avec un vieux colonel (mais alors, un colonel classique), qu'un excellent cigare et quelques verres de liqueur incitèrent, vers la fin du repas, à des idées générales et à des considérations humanitaires.

— La guerre... évidemment, la guerre... Pouh !... Il y a les familles... La paix ?... Bien sûr, la paix... C'est très joli, la paix. Mais, s'il n'y avait plus la guerre, il n'y aurait plus d'armée... Suivez-moi bien... S'il n'y avait plus d'armée, que deviendraient tous ces officiers, suivez-moi bien, tous ces officiers qui sont dans l'annuaire et qui ont travaillé pour devenir officiers ? Et que diraient les familles qui se sont privées pour que les officiers fassent leurs études avant de devenir officiers ?

— Vous avez raison, mon colonel. Et que deviendraient les tailleurs militaires qui font des uniformes, et les industriels qui font des armes et les munitions, et les fabricants de bras artificiels et de jambes articulées ?...

— Vous voyez, vous voyez... conclut le colonel en me regardant d'un œil bienveillant où se lisait tout de même la surprise de trouver chez un civil une intelligence qu'il n'eût jamais soupçonnée.

COMMENTAIRES SUR CÉSAR

En tête des colonnes du journal le mieux informé, le brave général Duval, par un article merveilleusement synthétique, met la science militaire à la portée de l'intelligence même des civils.

Négligeant les formules hermétiques chères aux

G. Q. G. et par quoi les polytechniciens, suivant l'expression d'un des leurs, embrouillent jusqu'aux mathématiques, le brave général Duval, en quelques axiomes nets, précis, ingénieux, imprévus, fixe les lois qui devront être observées par nos législateurs pour nous permettre, lors de la prochaine guerre, de remporter de nouvelles victoires.

Ah ! que la science tactique est chose claire et facile lorsqu'elle est exposée par le général Duval ! et que de plaisir pour M. Jourdain si la mode de son temps l'eût induit à se donner un maître de stratégie !

Le général Duval attaque ainsi la question :

Un peuple s'impose une organisation militaire à seule fin de pouvoir faire victorieusement la guerre...

Voilà qui dissipe les nébuleuses conceptions de certains pacifistes d'après lesquels le but de l'organisation militaire se résumerait essentiellement dans l'effet décoratif et ornemental produit par un quadrille de maréchaux, au sein d'une cérémonie académique ou à la suite d'un défilé funéraire.

Et notre confrère « enchêné » ajoute :

.. de pouvoir faire victorieusement la guerre, si par la méchanceté de ses voisins il est contraint de renoncer à la paix.

A quoi bon écrire de gros bouquins sur les origines de la guerre ? Les origines de toute guerre, pour l'un comme pour l'autre des belligérants, c'est la méchanceté du voisin.

De quoi se compose l'armée ? Le général Duval nous le dit nettement, sans crainte des contradicteurs :

Une armée se compose d'hommes.

D'hommes armés, bien entendu...

Car :

La préparation à la guerre sera la préparation à la défaite si l'armée du temps de paix se trouve, fût-ce pour des raisons d'économie, mal armée, mal outillée...

D'où il résulte, bien que le général Duval ne le dise pas explicitement, qu'il convient de distribuer des fusils aux hommes qui composent l'armée.

Le général Duval ne néglige point le facteur moral. Il expose que, si les soldats « *refusent la discipline qui fait la force principale des armées, rien n'empêchera qu'au premier coup de canon ils deviennent un simple troupeau de fuyards* ». L'éminent écrivain militaire se réserve évidemment de démontrer, au cours d'un prochain article, que des soldats qui fichent le camp mettent leur général dans une situation peu favorable au succès.

Cela est d'ailleurs la conséquence d'un découverte faite au cours de la guerre par le lieutenant-colonel Rousset, autre maître ès stratégie qui, un quart d'heure avant sa mort, se trouvera encore en vie. A la suite d'observations personnelles et de déductions tirées de précédents napoléoniens, le lieutenant-colonel Rousset fixa par écrit cette vérité profonde que « l'armée victorieuse est toujours celle qui a su affirmer sur l'autre sa supériorité ». (Cf. *Poésies Complètes de Jacques de Chabannes de la Palice* ; 1470-1525.)

Je recopie encore quelques enseignements formulés par le général Duval :

La mobilité est une condition de la manœuvre

La manœuvre, c'est la réalisation de la pensée du chef.

Le général Duval ne précise pas sa propre pensée en nous disant de quel chef il veut parler. En vérité, la manœuvre est souvent la réalisation de la pensée du chef qui commande l'armée ennemie ; mais c'est une situation dont un général français ne s'avise qu'à l'heure même où il est manœuvré.

Enfin, voici un principe assez réconfortant :

L'organisation militaire rencontre une limite marquée par les possibilités financières du pays.

Que le bon Dieu bénisse M. Doumer, dont l'impossibilité financière limite nos armements et éloigne ainsi l'heure de la prochaine victoire !

Quant au général Duval, j'ai reconnu à son style qu'il porte le prénom guerrier d'Alexandre.

N'est-ce pas Alexandre Duval, prince de Bouillon, qui a écrit :

Pour faire un civet, prenez un lièvre.

OU L'ON REVOIT LA BRUTE GALONNÉE

Il s'agit, bien entendu, du militaire boche. Il n'est de brutes que sur les bords du Rhin, et le feld-maréchal Hindenburg représente pour nous l'idéal de la brute galonnée, au torse puissant, au crâne épais, à la mâchoire carrée.

Le feld-maréchal Hindenburg a eu une conversation avec le capitaine américain Mac Mahon. Il lui a fait des confidences avec courtoisie, parlant d'égal à égal à cet officier subalterne. Car, si le capitaine américain Mac Mahon est seulement capitaine, il ne faut pas perdre de vue qu'il est Mac Mahon, et américain.

Le feld-maréchal, au cours de cette entrevue, a émis des pensées ingénieuses, stratégiques et profondes, que la presse allemande rapporte comme des mots historiques dûs au génie personnel du feld-maréchal. Il a affirmé que la flotte aérienne jouerait un rôle important dans les batailles de demain et que l'infanterie était la reine des batailles ; il a ajouté que la cavalerie, ça n'était jamais qu'une sorte d'infanterie à cheval, laissant à son interlocuteur le soin de conclure que l'infanterie était vraiment une espèce de cavalerie à pied.

Je vous jure que je n'invente rien. Je laisse la responsabilité de ces définitions prophétiques au capitaine américain Mac Mahon, qui les a notées avec son stylo.

Mais il faut rendre à César ce qui appartient à César. C'est César qui, le premier, dans ses *Commentaires*, sacra l'infanterie reine des batailles, et Napoléon ne fit que répéter César (mais, dans la bouche de Napoléon, le mot avait une saveur spéciale ; car Napoléon était officier d'artillerie, ce qui n'était pas le cas de Jules César... Après tout, l'artillerie n'est jamais qu'une infanterie armée de canons).

C'est notre lieutenant-colonel Rousset, professeur à notre Ecole de Guerre, qui, dès 1913, prédit le rôle de l'aviation dans les combats ; car il avait calculé qu'en montant très haut on pouvait voir très loin.

C'est notre Joffre qui, à la fin de 1914, voyant un cavalier démonté, eut une inspiration de génie : de même qu'avec un civil on peut faire un cavalier en le mettant sur un cheval, de même, à condition de lui enlever son cheval, on peut faire un fantassin avec un cavalier. Et notre Joffre réalisa l'expérience avec un grand succès, à l'entière satisfaction de notre race chevaline.

Mais, si j'affirme que le feld-maréchal Hindenburg est une sombre brute, c'est à cause de ses provocations sanguinaires :

— Nous aurons notre revanche contre la France, a-t-il déclaré, *dussions-nous attendre cent ans.* Mon désir personnel le plus ardent serait de reprendre les armes contre les Français.

Hindenburg est non seulement une sombre brute, mais une brute entêtée. N'a-t-il pas compris que notre victoire est une victoire finale, et qu'il n'y a plus à revenir là-dessus ? C'est une manifestation caractéristique de la barbarie boche que de vouloir continuer à se battre quand on a reçu une volée... Nous avons la magnanimité qui sied aux vainqueurs : nous ne réclamons plus de revanche ; les choses sont rentrées dans l'ordre, puisque nous détenons un enjeu que nous ne pensons pas un instant à considérer comme un challenge : et, si nos militaires parlent de rester pendant cent ans dans la Ruhr, c'est en vue de maintenir une situation vraiment satisfaisante et pacifique.

Cent ans de répit... Cent ans de repos avant le prochain round... Que les bons dieux de France et d'Allemagne entendent le feld-maréchal Hindenburg !... Ainsi, nous ne prendrons aucune part au prochain épisode de l'héroïsme international ; nos enfants non plus... nos arrière-petits-enfants se battront ; mais l'idée qu'ils se battront nous fait moins de peine, parce que nous ne les connaîtrons pas, et s'ils sont tués, nous ne serons plus là pour avoir du chagrin. Nous supporterons donc d'un cœur léger l'idée que nos arrière-petits-neveux relèveront le gant jeté par Hindenburg et paieront les traites lancées par M. de Lasteyrie dans la circulation.

L'histoire ne dit pas ce que le capitaine Mac Mahon a répondu au feld-maréchal.

Si Mac Mahon n'a pas répondu : « Continuez... », il a manqué à toutes les traditions de sa famille.

NOIR OU BLANC ?

Ici même la question a été posée : un officier doit-il être noir ou blanc ?

Il semble que cette question soit facile à résoudre. Le métier d'officier est fait pour les nègres ; il doit les séduire par son côté puéril... En outre, le nègre, par un long atavisme d'esclavage, est façonné par avance à la servitude militaire ; et puis le nègre, par son tempérament, n'est pas très travailleur ; et puis il ne cherche pas à comprendre ; enfin il est attiré par le côté extérieur et brillant des choses, c'est-à-dire par la dorure des galons et par le vernis des bottes. Voilà pour le temps de paix. Quant au temps de guerre, les noirs, naturellement courageux, bénéficient d'une sensibilité atténuée qui leur donne sur les êtres trop civilisés un sérieux avantage.

Cependant il faut envisager le noir, non pas en soi, mais dans ses rapports avec le blanc, ces rapports étant de nature hiérarchique.

Un blanc peut commander des blancs, lorsque ces blancs sont disposés à obéir, par intérêt ou par contrainte. Un noir, dans les mêmes conditions, peut commander des noirs. A plus forte raison, un blanc peut commander des noirs.

Mais est-il convenable qu'un noir commande des blancs ?

Cette situation semble indécente à ceux qui professent des préjugés de race et qui ont établi une hiérarchie ethnographique, déterminée par l'angle facial et la couleur de la peau.

Les préjugés ne sont que des préjugés. Personne n'a pensé à un argument qui met en valeur redoutable un danger certain.

Pour voir ce danger, il faut pousser à ses extrêmes conséquencees l'hypothèse de l'officier noir.

Supposons qu'un officier nègre, bien doué pour l'avancement, suffisamment pistonné et sachant profiter de sa veine, arrive à la situation de généralissime suivant la formule napoléonienne.

Ne vous récriez pas... Il n'est pas nécessaire d'être si malin que ça pour devenir généralissime. Il y a des généralissimes supérieurs qui seraient incapables de décrocher le Prix Goncourt ou d'envoyer M. Georges Carpentier par terre, les quatre fers en l'air. Or deux nègres différents ont réalisé ces deux exploits, à la vérité assez difficiles.

L'hypothèse du noir généralissime étant admise, supposons qu'une guerre du droit et de la justice éclate sur les bords du Congo, entre deux rois nègres qui, ni l'un ni l'autre, ne veulent la guerre, bien entendu, mais qui, l'un et l'autre, veulent faire tenir le Congo dans leur verre. Après un échange de boniments à la noix de coco, les deux souverains songent au jeu des alliances. Et celui qui a vu naître dans son royaume le généralissime français lui envoie, à travers les mers, l'appel de la Jungle : « Nous sommes du même sang, toi et moi... » Ce qui se traduit, en style nègre ou télégraphique : « Toi envoyer à moi troupes blanches. »

Le généralissime embarquera immédiatement pour le Congo quelques divisions françaises, qui, là-bas, iront faire figure de troupes coloniales. Le roi nègre dira aux soldats blancs : « Vous bons blancs, fils adoptifs du Congo ! Vous avoir beaucoup de veine, mourir pour droit et civilisation ! » Et on leur fera l'honneur de les coller en première ligne, car on met toujours au premier rang les troupes coloniales... Ceux qui en reviendront seront décorés de l'ordre du cocotier ; ceux qui seront amochés seront pansés avec curiosité par ces dames de la Croix-Noire, qui, pendant leur convalescence, leur feront la grâce de les trouver extrêmement rigolos.

Vous me direz qu'on n'a jamais vu une chose pareille ?

Mais si... on a déjà vu une chose pareille...

Dans l'autre sens, bien entendu.

A LA VEILLE DE L'ARMISTICE

D'après certains bruits qui courent dans les couloirs du Palais-Bourbon, nous serions à la veille d'un armistice. J'entends par armistice le fait, pour les militaires, de déposer réellement leurs armes et le droit pour les citoyens inoffensifs, de ne plus aller se faire tuer, même en Orient, que pour leur agrément personnel.

Voici les signes précurseurs de l'armistice : M. André Lefèvre estime que nous dépensons beaucoup trop d'argent en bateaux de guerre. M. Henry Paté propose que nous dépensions beaucoup moins d'argent pour notre armée de terre. Quant aux aragoins, ils proposent que le nombre de nos maréchaux soit porté à douze.

« Pourquoi douze ? » demandent les chercheurs et les curieux... Peut-être à cause des apôtres. Peut-être à cause des signes du Zodiaque ; peut-être à cause d'une vague réminiscence se rapportant aux douzièmes provisoires... Peut-être douze, parce que, si les maréchaux se trouvaient treize à table, nous serions exposés à en perdre un dans l'année : et les maréchaux doivent être immortels par principe. En tout cas, bénis soient les aragoins qui nous offrent une douzaine de maréchaux, pour l'économie du budget et pour la paix du pauvre monde. Et trois fois béni soit l'aragoin qui nous proposera la grosse de maréchaux, soit douze douzaines pour commencer !

. Et cent fois béni soit le jour où l'armée aragouine, organisée sur le modèle des armées sud-américaines, c'est-à-dire composée exclusivement d'officiers maréchaux, généraux et supérieurs, viendra relever l'armée française... Cette armée durera longtemps ; les mêmes figurants défileront à l'occasion de tous les anniversaires de la victoire finale. Car la longévité des militaires haut gradés est un fait constaté par toutes les statistiques ; la durée de la vie d'un militaire est proportionnelle à son élévation dans l'échelle hiérarchique. De toutes les affectations, la culture de la graine d'épinard est celle qui procure la vie la plus saine et la plus hygiénique.

L'armée est comme le couteau de Jeannot. A part ça, que la lame doit toujours être remplacée et que le manche est inutile... Eh ! pardieu ! ne supprimons pas l'armée... Conservons seulement le manche, puisque le Ciel préserve ceux qui se trouvent du côté du manche.

Gardons seulement le nombre d'hommes qu'il faut pour cirer les bottes des maréchaux, puisque les bottes des maréchaux ne sauraient être cirées par des cireurs civils. Mais créons des maréchaux... tous les maréchaux qu'il faut pour l'organisation des bals tricolores, pour la décoration de l'Académie et pour l'audition des conférences de M. Raymond Poincaré.

Aussi bien M. André Lefèvre, qui, parmi tant de politiciens aliénés, est seul à conserver son bon sens, nous prémunit contre l'autre danger. Parmi tant d'enragés, M. André Lefèvre est raisonnablement hydrophobe ; je veux dire que, le danger du feu étant écarté, il nous préserve du péril de l'eau.

Sur le budget de la marine, l'éternelle querelle se poursuit entre les partisans des cuirassés et les partisans des sous-marins... A quoi bon, dit M. André Lefèvre, puique les sous-marins et les cuirassés sont destinés, les uns comme les autres, à aller au fond de l'eau ? De deux choses l'une : ou bien nous aurons une querelle avec un peuple continental qui gardera soigneusement sa flotte au fond du canal de Kiel et alors la nôtre errera impuissante parmi la tempête ; ou bien nous aurons affaire à un peuple naturellement amphibie, résolument aquatique, qui enverra notre marine de guerre dans le royaume des crabes, avec aisance et facilité... Demandez un peu à ceux de Trafalgar !

Vaut-il pas mieux attirer les amphibies sur la terre ferme, où nous finirons par les avoir, avec l'aide de Jeanne d'Arc et de Du Guesclin... Ça s'est déjà vu ; ça a duré cent ans ; mais, au bout

de cent ans, nous les avons eus, ou, plus exactement, nous ne les avons plus eus.

Bénis soient M. André Lefèvre et les douzaines
d'aragoins !

Grâce à eux, dans cinquante ans, les laboureurs
du Nord pourront peut-être labourer sans trouver
trente-cinq squelettes à l'hectare...

Et le poilu qui fut enterré à plusieurs reprises
sous l'Arc de Triomphe n'aura plus sa paix troublée que par le dépôt de nouvelles couronnes et la
visite de nouveaux rois nègres... sans avoir la
crainte d'être foulé bientôt par le passage d'une
nouvelle armée amie ou ennemie, à l'issue d'une
nouvelle guerre victorieuse ou fatale.

ESSAI DE STRATÉGIE ÉLÉMENTAIRE

Il ne faut pas croire les vieux militaires aigris
qui, partis de Polytechnique, sont arrivés, en passant par Limoges, à une retraite prématurée. Les
vieux militaires aigris prétendent que l'art tactique est un jeu d'enfant et que la stratégie est bête
comme le cheval de Troie. Toutes choses étant relatives (sauf la mort), il serait même inexact de dire
que, de deux généraux en présence, il y en a un
qui est moins bête que l'autre et doit se trouver
vainqueur... C'est souvent le plus bête qui gagne.

Il faut voir les choses du point de vue civil. Pour
un cerveau civil, les causes étant obscures et les
résultats déconcertants, la stratégie est une science
supérieure qui dénoue les problèmes de la guerre
par des coups de génie, ou une science hermétique qui les tranche par l'effet d'un miracle... Le
miracle peut être produit par Minerve en faveur
des Achéens aux belles cnémides ou par sainte

Geneviève en faveur des Français fervents, et alors le mérite en revient aux prières des chefs dévots... Faute de quoi, la gratitude des vainqueurs devrait s'adresser à la prodigieuse imbécillité de Priam, qui fit un trou dans son mur, ou à la géniale sottise de von Kluck, qui, pouvant courir droit au but, s'amusa à faire le tour, comme un cheval de courses qui ne veut pas gagner.

Les civils ont lu, avec une admiration profonde, le dernier communiqué officieux de la guerre... celui qui révèle les états de service du général Debeney, promu chef d'état-major de l'armée, il y a quelques jours :

Grâce à la sagesse de ses dispositions et à la minutie de sa préparation d'artillerie, il affirma sa réputation de manœuvrier et remporta d'importants succès. Collaborateur de Nivelle, puis de Pétain, en sa qualité de major général, il joua un rôle des plus brillants pendant l'offensive du 21 mars, où il dirigeait la 1re armée.

Il se trouvait en Lorraine avec son armée quand la ruée allemande se produisit. Transporté sur le champ de bataille avec son état-major, il resta un instant complètement isolé et sans troupes en face de l'ennemi. Un de ses officiers d'état-major fut tué par une patrouille allemande. L'arrivée de ses divisions lui permit d'arrêter l'ennemi dans le secteur de Breteuil.

Voilà, vraiment, une manœuvre qui ressortit à la stratégie archaïque.

Aujourd'hui, c'est seulement dans les chœurs d'opéra et dans les parodies également théâtrales d'après-guerre qu'on peut voir un général placé en avant de ses troupes, dans un splendide isolement qui l'expose aux coups de l'ennemi, momentanément absent.

Dans une bataille moderne, un général se met derrière son armée, pour pouvoir la surveiller, la diriger et au besoin la précéder, en cas de repli sur des positions préparées à l'avance.

Henri IV s'élançait au galop de son cheval, en criant à ses soldats de se rallier à son panache blanc. Mais je suppose qu'il se retournait pour voir si ses troupes suivaient le mouvement. Sans quoi il se fût exposé à perdre son armée de vue.

Perdre une bataille, ça arrive à des gens très bien. Perdre son armée, c'est une étourderie impardonnable de la part d'un général. Parce qu'un général qui a perdu son armée n'est plus un général, n'ayant plus personne à commander.

Or, il serait puéril de se le dissimuler devant le texte qui nous est proposé, lors de l'offensive du 21 mars le général Debeney perdit son armée ; du moins il l'égara, ayant été transporté (*sic*) avec son état-major sur un champ de bataille où il se trouvait tout seul... Les troupes du général Debeney se retrouvèrent à temps, et ce fut un miracle dont nous devons remercier Saint Antoine de Padoue.

Si le général Debeney doit faire figure devant l'histoire, non pas d'étourneau, mais de manœuvrier conscient, il faut nous dire pourquoi nous devons admirer une manœuvre dont le seul résultat fut la mort d'un officier d'état-major, tué par une patrouille allemande. Commander une armée et se faire poisser par une patrouille, c'est un tour de force assez rare dans les annales de l'art militaire, mais qui n'inspire pas l'admiration sans explications préalables.

Et ce précédent nous donne quelque inquiétude

en ce qui concerne la prochaine dernière guerre.

Il faudra faire solidement encadrer le général Debeney et lui donner une escorte de robustes gendarmes, dont la poigne le maintiendra à l'arrière, comme indispensable.

Perdre le général Debeney, ça n'est encore rien. Mais voyez-vous que les Allemands aillent se vanter, dès le début des hostilités, d'avoir capturé le chef d'état-major général, et l'état-major du chef d'état-major général, au moyen d'une tartine de confitures !

A PROPOS DE SA TROISIÈME CITATION

Mettez-vous un instant, s'il vous plaît, à la place du général Mordacq, qui a pu rester pendant la guerre dans un poste paisible, mais qui se trouve actuellement, si j'en crois les journaux, dans une situation extrêmement périlleuse.

Le général Mordacq, pour distraire les Boches, organisa dernièrement une petite fête à Wiesbaden. Les journalistes allemands qui s'introduisent partout, d'abord en qualité d'allemands et surtout en qualité de journalistes, s'invitèrent à la petite fête du général Mordacq.

Or le général Mordacq, à l'époque où il occupait militairement la rive gauche de la Seine sous le haut commandement du maréchal Mandel, a appris l'art et la manière de traiter les journalistes. Emporté par son bon naturel, il a dit à nos confrères : « Vous... vous allez me f... le camp ! »

Ces manières-là ont beaucoup surpris les journalistes allemands, qui, jusqu'à présent, n'avaient eu aucune raison de s'apercevoir que l'Allemagne était vaincue... (Nous non plus, du reste.)

La solidarité de la presse n'est pas un vain mot. Le général Degoutte, légèrement inquiet à l'idée de représailles possibles, n'a pas envoyé dire à son subordonné ce qu'il pensait de son geste :

« Vous, si j'écope à cause de vous, vous sortirez en ville sur mes jambes, dimanche prochain... Et puis vous verrez ce motif !... Vous vous êtes conduit comme un mal élevé... Est-ce de cette façon-là qu'on se comporte quand on est invité quelque part ? Qu'est-ce qu'on vous a donc appris dans les salons de la rue Saint-Dominique ? »

Par-dessus le marché, le général Mordacq s'est entendu faire quelques compliments par les journaux parisiens. Il s'est même entendu dire qu'il était l'officier le plus détesté de l'armée française, ce qui est vraiment un record inouï et pharamineux.

Le général Mordacq se promit de rattraper ça à la prochaine occasion. Et la prochaine occasion ne tarda pas à se présenter.

Une dame allemande, légèrement bousculée dans les rues de Wiesbaden par un soldat français trop ou trop peu galant, se mit à pousser des cris de pintade dont l'écho parvint jusqu'au général Mordacq.

« Ça va bien, pensa le général Mordacq, qui est un fin politique fort capable d'avoir lui-même donné la consigne au soldat trop ou trop peu galant... Voilà l'instant, voilà le moment de montrer que je suis un officier bien élevé et que j'ai appris quelque chose dans les salons de la rue Saint-Dominique. »

Le général Mordacq mit ses gants blancs, accrocha à son râtelier pectoral les décorations qu'il ne manque pas de s'offrir chaque fois que revient son anniversaire ou la Saint-Mordacq ; puis, précédé de sa fanfare et suivi de deux ordonnances en chemise, portant de chaque main un cierge de six livres, il s'en fut faire amende honorable à la dame boche outragée. Il fit très bien les choses. Il fit amende honorable au nom de l'armée française.

« Le général Degoutte va en baver », se dit l'habile stratège au retour de sa manœuvre.

Patatras ! La manœuvre du général Mordacq n'a pas le moindre succès. On lui reproche d'avoir infligé à la France une humiliation inutile et excessive. Et on ajoute :

« Si chaque fois qu'un soudard prouve à une femme française son défaut ou son excès de galanterie, on dérangeait un général pour présenter à la dame les excuses de l'armée française, nos généraux n'auraient plus le temps d'organiser des fêtes, d'écrire des articles dans les journaux et de regarder pousser les cheveux sur la tête de leurs hommes. Ils passeraient toute leur vie à faire des visites d'excuses... »

C'est fort juste. Mais il ne faut pas incriminer le général Mordacq, qui a voulu trop bien faire.

Il faut incriminer le système qui consiste à envoyer des diplomates dans les pays avec qui nous voulons rester en bons termes et des militaires dans les pays que nous avons vaincus.

Les diplomates ne servent qu'à créer des incidents diplomatiques, et c'est la guerre. Les militaires ne pensent qu'à créer des incidents militaires ; et ce n'est plus la paix.

Envoyons des voyageurs de commerce dans les pays avec qui nous ne sommes pas encore en guerre... Envoyons des chefs de gare dans les pays vaincus qui se trouvent nos débiteurs.

Des chefs de gare qui occuperont les gares allemandes, et qui dirigeront vers la France les trains de charbon, et qui transmettront au Trésor français le prix des billets pris par les voyageurs boches.

Sans compter que les chefs de gare sont généralement polis avec les journalistes et les dames seules ; et, qu'à tout prendre, ils n'humilient pas toute l'armée française lorsqu'ils se mettent dans le cas de faire des excuses.

SAINT-JUST

Sous une des premières législatures de la première République, il y eut déjà un député qui s'appelait Saint-Just. Il voulait tuer les autres députés; il y réussissait, mais il n'avait pas l'ambition d'opérer lui-même. Ce Saint-Just a laissé un nom dans l'histoire.

Nous venons d'apprendre que la Chambre actuelle possède un Saint-Just qui offre deux points de ressemblance avec le précédent : il veut tuer ses petits camarades; par conséquent, il n'est ni saint, ni juste. Mais Saint-Just l'Ancien était un tout jeune homme; Saint-Just le Jeune est un vieux général. Or il n'y a personne qui ressemble à un tout petit enfant comme un vieux général : ça veut commander; ça joue avec des canons et des soldats, et ça dit aux petits camarades : « Ze vais te tuer ! » en les ajustant avec un fusil de bois ou avec rien du tout.

Le général de Saint-Just a ajusté M. Malvy avec rien du tout, et il a fait : « Poum ! » M. Malvy ne s'en porte pas plus mal, et cette manifestation n'est dangereuse que pour le général, dont la dignité semble irrémédiablement compromise aux yeux des civils ayant déjà dépassé l'âge de six ans.

Un général, c'est dangereux quand ça se trouve derrière un champ de bataille; mais c'est inoffensif, en général, dans une assemblée législative où c'est entré par la volonté du peuple.

Evidemment, ça peut faire du dégât si ça entre de son propre mouvement, avec accompagnement de grenadiers et avec la ferme intention de flanquer par la fenêtre les représentants du peuple souverain. Mais telle n'est pas l'intention du brave général de Saint-Just... (Et puis, je ne veux pas exciter encore les admirateurs de Napoléon, qui ne manqueraient pas de m'ajuster en faisant : « *Poum !* »)

En somme, le général de Saint-Just s'est conduit au Palais-Bourbon comme un général doit se conduire. Il a déclenché l'offensive, et puis, de son poste de commandement, il a contemplé la bataille... Après quoi, je suppose qu'il a félicité les héros qui, l'ayant protégé de leur corps, montraient un œil poché ou un nez en compote.

C'est là toute la stratégie. Mais ce n'est peut-être pas toute la politique.

Le geste essentiel de la politique consiste évidemment à ajuster l'adversaire, à faire « Poum ! » et à annoncer triomphalement : « Maintenant, il est mort. » Pourtant, il faut mettre autour du geste un peu d'éloquence.

A des soldats il n'est pas nécessaire d'expliquer pourquoi on fait « Poum ! » et ensuite pourquoi on a fait « Poum ! ». Les électeurs qui sont des soldats conscients (ou qui s'imaginent qu'ils sont devenus conscients), exigent une explication et se contentent d'un boniment.

Les généraux ne sont pas très forts sur le boniment.

Le général de Saint-Just aura sans doute du succès dans les salons, où on lui demandera de répéter son geste fameux, comme on a demandé au général Cambronne, pendant dix ans, de répéter son fameux mot.

Le général de Saint-Just prendra la position du tireur debout, fermera un œil et dira : « Alors, j'ai ajusté Malvy et j'ai fait : « Poum !... ! » De même que le général Cambronne disait : « Alors, voilà ce que j'ai répondu aux Anglais. »

Mais le général Cambronne n'était pas apte à expliquer pourquoi il avait répondu ça aux Anglais. Et le général de Saint-Just n'est pas idoine à expliquer pourquoi il a fusillé M. Malvy.

Allez donc leur demander d'expliquer... à ces gens dont le métier consiste à ne pas chercher à comprendre...

LE GÉNÉRAL PINARD.

Lorsqu'on m'apporta la carte de ce général, j'y lus un nom qui ne me dit rien du tout. C'est effrayant ce qu'il peut y avoir de généraux qui n'ont pas laissé de nom dans l'histoire.

Je dis tout de même : « Faites entrer le général », par l'effet d'un réflexe servile dont ceux qui, tête baissée, franchirent la porte d'une caserne ne s'affranchiront jamais. Mais aussitôt, par réaction, je me promis de dire à ce général en particulier tout ce que je pensais des généraux en général (ce qui pouvait faire prévoir une longue conversation).

Je vis entrer un civil; et je reconnus que le civil était effectivement un général parce que, comme presque tous les hauts officiers diminués de l'uniforme, il avait l'air d'un placier en vins.

D'ailleurs, ce général était réellement un placier en vins.

— Monsieur, me dit-il, je me suis permis de vous rendre visite parce que je m'intéresse à votre cave.

Je feignis de me méprendre à cette ouverture et je demandai au général si ma cave avait une importance stratégique intéressant la défense nationale. Il rit longuement, avec une complaisance qui m'humilia; et, pendant qu'il riait, je regardais sa rosette de la Légion d'honneur.

— J'ai une certaine compétence en matière de vins, me dit-il.

—Oui, lui répondis-je.

Et mon regard quitta sa rosette pour se fixer sur son nez, pendant qu'il m'énumérait les prix des divers crus de Bourgogne dont je ne pouvais manquer d'être satisfait.

Que les dieux me préservent de toute intention de muflerie vis-à-vis d'un pauvre diable qui, découragé par avance, essaie de coller une pièce de vin à un monsieur qu'il ne connaît pas !... Mais mon regard s'adressait au général, dont le regard avait fait frémir tant de pauvres diables inoffensifs et douloureux. Et puis je me disais : « De quel droit ce général se sert-il de son titre militaire propre à impressionner le client, pour faire une concurrence déloyale aux placiers civils qui sont arrivés à l'ancienneté ? On fiche le placier civil à la porte, et on commande une barrique à l'autre, ne serait-ce que pour le plaisir de commander quelque chose à un général. »

Lorsque mon visiteur eut terminé son rapport, je ne pus me tenir de lui dire :

— Alors, mon général, vous occupez vos loisirs à placer du vin, pendant la morte-saison ?

— Je place du vin pour gagner ma vie, me dit-il simplement.

— Mais... votre retraite ?

Le général eut le geste familier du troupier qui serre sa ceinture d'un cran, et, tout comme l'eût fait le troupier, il dit :

— J'ai de la famille.

Je pensai à ce colonel en retraite que je connais et qui, lui, place des bretelles chez les chemisiers et une pâte dépilatoire chez les masseuses brevetées. Je pensai à cet autre officier supérieur qui tient un manège de cochons dans une fête foraine... Sans parler de l'administration du pari mutuel qui emploie, dans son personnel d'anonymes distributeurs de tickets, les débris de nos plus brillants état-majors... Je suppose que beaucoup d'officiers subalternes, retraités, distribuent des prospectus sur le boulevard... Le nombre des métiers accessibles à des gens qui ne sont bons à rien est fort limité... Je regrette vraiment que les hôteliers et restaurateurs balnéaires aient laissé tomber la mode des majors à table d'hôte, qui était honorable pour les clients et alimentaire pour les héros supérieurs en retraite. Car le nombre de ceux que peut nourrir l'Académie est forcément restreint.

Le résultat de ces réflexions fut que je m'inscrivis pour une pièce de vin, dans l'intention de collaborer à l'œuvre des généraux repentis.

Ma bonne intention n'a pas été récompensée. Le vin du général vient d'arriver. C'est une imbuvable cochonnerie, bonne tout au plus pour la troupe. Et j'ai donné une consigne sévère à ma bonne, en prévision du jour où le maréchal Joffre viendra pour me coller une pièce de Beaujolais...

Maintenant, je demande que la République Française serve à nos généraux une retraite suffisante à les rendre inoffensifs, même en temps de paix.

POUR UN GÉNÉRAL FRANÇAIS..

Depuis que nous avons un gouvernement, il me fut toujours permis (chaque fois que la justice l'exigea) de prendre ici la défense du sabre et du goupillon.

C'est ainsi que je pus faire l'apologie de Mgr Grente, évêque du Mans, qu'un avocat ridicule accusa d'avoir toléré la débauche aux portes du temple et de n'avoir pas voulu approuver les lupanars installés à l'ombre de la cathédrale.

C'est ainsi que je pus tenter la réhabilitation de Mgr. l'évêque de Montauban, injustement persécuté par les gendarmes et quarante fois condamné par les magistrats pour avoir attiré la bénédiction du ciel sur son diocèse en organisant des processions publiques.

C'est ainsi que je pus m'élever contre la condamnation du général von Nathusius, que ses pairs punirent de n'avoir point suffisamment fait respecter les droits et privilèges de son grade en prélevant seulement un service de table (et encore, ce minimum n'est pas acquis à la défense) sur le mobilier d'un château occupé en pays conquis...

... A ce propos, je me permettrai de demander une petite rectification aux journaux allemands qui ont reproduit mon article. J'avais écrit : « Même cette absurdité qu'est la guerre doit comporter une certaine logique. » Les journaux allemands, par égard pour leurs lecteurs, ont traduit comme suit : « La guerre elle-même doit comporter une certaine logique. » Alors, si les lecteurs allemands n'acceptent pas encore sans ressauter cette vérité abondamment démontrée que la guerre est absurde, nous aurons toujours des petits malentendus avec l'Allemagne...

On me permettra aujourd'hui de prendre la défense du général de Boissoudy, membre du Conseil supérieur de la guerre, qui eut l'oreille fendue parce qu'un jour son ministre se piqua le nez.

Le général de Boissoudy a réformé le catéchisme militaire comme l'abbé Désers a réformé le catéchisme religieux. Et M. Maginot, l'œil encore ébloui des batailles d'hier, a signé sans lire... Or, on ne pouvait pas dégommer M. Maginot. C'est déjà fait. Alors, on a dégommé le général de Boissoudy.

Dans le nouveau règlement élaboré par ses soins, le général de Boissoudy a supprimé l'article d'après lequel l'armée doit obéissance à la République.

C'est un outil.

En écrivant : « C'est un outil », je qualifie, bien entendu, l'armée.

L'armée est un instrument, un ustensile, un bien meuble pour lequel possession vaut titre. C'est une arme, offensive et défensive, dont le possesseur a le droit de se servir pour protéger les faibles ou pour les assassiner. L'armée, c'est le sabre de M. Joseph Prudhomme. Un sabre ne cherche pas à comprendre. Un conquérant ou un gouvernement dit : « Ma fidèle armée », comme le héros ou le traître de mélodrame dit : « Ma fidèle épée. »

Le sergent La Ramée criait : « Vive le Roi ! »
Ensuite, il a été se faire tuer pour la République;
n'ayant pas réussi à se faire tuer, il est revenu pour
crier : « Vive l'Empereur ! » Et, derechef, il a été
fidèle au roi lorsque le roi, derechef, a représenté
le gouvernement régulier.

L'armée doit obéissance au gouvernement régulier, c'est-à-dire au gouvernement qui, disposant du
central téléphonique, a le droit de donner des
ordres à l'armée.

L'armée doit obéissance au roi, à l'empereur, à
M. Maginot, à celui qui est en situation de réformer
le règlement intérieur, catéchisme de l'armée.

L'armée est un sabre; elle doit une obéissance
passive et provisoire à celui qui tient le manche.

ÉCHANGE DE POLITESSES.

« On nous a fait boire l'impur breuvage stupé-
fiant de l'histoire héroïque, on nous a fait avaler le
génie des généraux qui n'ont jamais eu que le
génie de la nullité... Au lieu de nous montrer tout
ce monde grotesque conduit à coups de pied par
les événements, ne sachant où donner de la tête,
éperdu dans les défaites soudaines, stupidement
triomphant dans les victoires imprévues, nous avons
eu une histoire faite après coup, où tout s'arrange
et tout s'ordonne selon la supériorité souriante de
nos généraux. »

Ainsi s'exprime en termes excellents M. Rosny
jeune, dans un article publié par la *Revue de l'Enseignement primaire*.

Permettez-moi d'ajouter que nos généraux savent
supérieurement organiser leur publicité et mettre
en valeur leur génie. Permettez-moi, par une audace

plus grande et que je vais aussitôt justifier, de comprendre dans ce terme : « nos généraux », non seulement les généraux français, mais aussi les généraux allemands. Vous allez voir que la fraternité règne dans la grande famille militaire internationale, du moins parmi la génération des grands-prêtres, héritiers des méthodes de Saturne et d'Ugolin.

Devant que la paix règne officiellement sur l'Europe, avant même que l'œuvre purificatrice de la nature ait nettoyé les squelettes enfouis dans les cimetières de l'arrière et sous les ci-devant champs de bataille, le général von Klück, par-dessus le Rhin, encense impudemment le maréchal Joffre. Et le maréchal Joffre, en échange, ne marchande pas au général von Klück le témoignage public de sa sincère admiration.

Interrogé par un journaliste sur l'opinion qu'il a de l'armée française, von Klück s'écrie :

— Admirable !... Ce Pétain, quel génie ! Ce Mangin, quel dentiste !... Et Joffre... Ach ! Joffre ! Kolossal ! Académique !... Quand on a eu l'honneur de se mesurer avec cet homme-là, on n'a plus rien à regretter.

Sur quoi, l'académicien Joffre, interviewé à son tour, s'exprime avec une franchise militaire :

— Klück est un as... La science, le coup d'œil, l'énergie... Homme de guerre de premier ordre... Tout au plus peut-on lui reprocher de manquer un peu de moelleux dans sa conversation avec les civils... Mais la retraite de son aile droite sur la Marne a été un chef-d'œuvre... Un plaisir, vraiment, de manœuvrer contre ce type-là.

Remarquez aussi que ces deux adroits stratèges évitent de tomber dans l'erreur commune aux adversaires politiques et qui consiste à se traiter réciproquement comme du poisson pourri. En dépréciant l'adversaire, on se déprécie soi-même et on s'expose à ce que les tiers fassent une réflexion très logique :

— Supposons un instant que les deux généraux ennemis, au lieu d'être égaux par le génie, soient également et intégralement idiots... Eh bien ! personne ne le saurait, parce que tout se serait passé de la même façon.

Tandis qu'après cet échange d'amabilités on est forcé de se dire :

— Faut-il que von Klück soit épatant pour avoir résisté à Joffre ! Faut-il que Joffre soit épatant pour avoir un jour battu von Klück !...

Et nous devons aussi conclure que le génie militaire, étant artistique et sportif, n'a pas de patrie. D'où la nécessité d'organiser l'union sacrée des états-majors et la sacrée Association Internationale des Hommes Enchênés.

Pourquoi n'installerait-on pas dans un pays spécialement neutralisé (le fief du Limousin, par exemple) les généraux du monde entier, qui sont si bien faits pour se comprendre et n'ont aucune raison de se garder rancune... pas plus que les joueurs d'échecs lorsque les pions ont disparu de l'échiquier ?

Ils passeraient leur temps à construire de chimériques plans de bataille, et, chaque année, des prix variant de un milliard à cent millions seraient attribués à leurs travaux sur le budget des pays civilisés.

Vous trouvez ça cher ?

Je vous assure que c'est la façon la moins coûteuse d'utiliser les grands hommes de guerre.

« RIEN NE MANQUE A SA GLOIRE ».

On annonce que l'Académie française, désireuse de manifester son admiration pour le maréchal Joffre, réserve un de ses fauteuils au glorieux vainqueur de la Marne.

Certes, le maréchal Joffre possède des titres littéraires à un fauteuil réservé. Il a montré, en une circonstance mémorable, en quelle haute estime il tient les belles-lettres.

Le vainqueur de la Marne partait alors pour l'Amérique. Un jeune poète parvint jusqu'à lui et réussit à lui mettre dans la main une plaquette de vers écrits en son honneur.

Le maréchal chercha quelque chose d'aimable à dire. Il y réussit en peu de mots, dans le style de cet autre illustre maréchal qui s'appelait Mac-Mahon.

— Ah ! ah !... Ce sont des vers ? Ce n'est pas gros : c'est commode à emporter pour lire en chemin de fer.

Et il mit la brochure dans sa poche.

Beaucoup d'académiciens n'ont jamais eu un bagage littéraire aussi important. Peu de critiques auraient su faire à un poète, en si peu de mots, un aussi rare compliment.

D'ailleurs, quel besoin le maréchal Joffre a-t-il de références littéraires pour occuper un fauteuil dans cette brillante chambrée où les grimauds de lettres sont seulement tolérés sur de modestes strapontins ? Si un écrivain est parfois admis sous la Coupole, c'est en vue de prendre l'air des belles manières au contact de la fleur de l'aristocratie, de la crème de la politique et du gratin de l'épiscopat... Aussi n'y verrez-vous jamais Courteline ni

Tristan Bernard, dont l'éducation serait réellement trop dure à refaire.

Et puis, palsambleu, le maréchal Joffre entrant à l'Académie française, c'est un homme d'épée qui vient en la compagnie d'autres hommes d'épée.

Les académiciens, en cette guerre, ont pris conscience de l'arme qu'ils portent au côté. Et soyez assurés que certain d'entre eux ne serait nullement étonné, encore que simple civil, si le ministre de la guerre le priait d'assumer les fonctions de généralissime des armées de la République, en remplacement du maréchal Joffre appelé à d'autres fonctions.

OU LE MARÉCHAL JOFFRE

COLLABORE AU DICTIONNAIRE.

On pourrait écrire un traité fort intéressant sur l'art d'utiliser les restes des vieux généraux lorsque la guerre a pris fin.

L'exemple classique est celui de Cincinnatus, par qui, pour la première fois, l'épi sauva la sesterce.

Or les maréchaux Foch et Joffre, après avoir navigué de conserve vers l'Amérique, où ils frayèrent la voie à Carpentier, à Mistinguett et à Epinard, suivirent deux routes différentes.

Le maréchal Foch, à qui le ciel a départi une éloquence relative, se prodigue dans les cérémonies publiques, cependant que Joffre le Taciturne, plus à son aise au sein des commissions, ne manque pas une séance du Dictionnaire Académique. La légende veut qu'il y trouve un sommeil paisible; la vérité nous oblige à dire qu'il y joue un rôle combatif, dans l'attaque et dans la défense, lorsque se présente un mot que ce guerrier est apte à comprendre et idoine à discuter.

C'est ainsi qu'hier on en était (déjà !) au vocable « défaitiste ». Le maréchal Joffre montra qu'il était fort éveillé.

— Ce mot n'est pas de chez nous, déclara-t-il. Il ne peut pas y avoir de défaitistes en France. « Défaitiste » n'est pas français.

Ainsi le maréchal Joffre repoussa le mot « défaitiste », comme il repoussera prochainement le mot « déserteur », pour les mêmes raisons devant lesquelles s'inclineront patriotiquement les académiciens civils. Le mot « impossible », qui n'est pas français, aura sans doute le même sort. Malheureusement le vocable « traître », qui se présentera dans trois mille ans, a des chances de se glisser dans le Dictionnaire, car, dans trois mille ans, le maréchal Joffre ne sera plus là.

En attendant, pour la défense de « défaitiste », on peut dire que ce mot fut créé et lancé par les bons Français contre les autres, c'est-à-dire contre ceux qui cherchaient à comprendre. Il rendit pendant la guerre de bons et loyaux services, tant dans la presse que dans les réquisitoires du capitaine Bouchardon. Il mena au poteau de Vincennes des citoyens dont le moins qu'on puisse dire est qu'ils furent des patriotes douteux. « Défaitiste », arme des civils bien pensants, fut pendant quatre ans à la peine. Pourquoi le maréchal Joffre s'oppose-t-il à ce qu'il soit aujourd'hui à l'honneur ?

Et puis, n'en déplaise au Grand Marnier, on peut être défaitiste tout en restant patriote. Car la défaite peut servir la patrie, ou du moins l'idée qu'on se fait de la patrie.

C'est ainsi que les Parisiens bien pensants furent

tous défaitistes sous le régime de la Fronde et, plus tard, de la Commune. Car la défaite par la violence de ces gouvernements établis par la force (comme tous les gouvernements) devait ramener un ordre régulier, c'est-à-dire le gouvernement oppresseur de Mazarin et le gouvernement insurrectionnel de Versailles.

Sous la Révolution française, des patriotes orthodoxes et fervents souhaitèrent pour le bonheur de la patrie la défaite de la République, qui devait ramener les maîtres légitimes de la France. Pour les mêmes raisons, ils souhaitèrent plus tard la défaite de l'Usurpateur. Le maréchal Joffre va un peu fort quand il dit qu'il n'y eut jamais de défaitistes en France : comment appelle-t-il Condé, et Cadoudal, et M. de Charette ?

La chose existe et le mot trouve à quoi s'appliquer.

On comprend qu'en certaines circonstances des gens souhaitent la défaite. Mais ce qu'on ne peut pas comprendre, c'est qu'en aucune circonstance il y ait des gens qui souhaitent la guerre.

Aussi n'y a-t-il pas de mot qui puisse s'appliquer à ces gens-là, ni dans le Dictionnaire de l'Académie Française, ni dans le vocabulaire d'aucune langue d'aucun pays civilisé.

SANS FAIRE QUEUE.

L'Académie vient d'être consultée sur le fauteuil « qu'il convient de réserver » au maréchal Foch.

Ainsi, les mœurs de guerre sont consacrées par la tradition académique. Les militaires sont dispensés de faire queue pour le chocolat, les pommes de terre, le tabac et les cartes d'alimentation. Ils entrent d'emblée dans les magasins et administrations ; ils ont le pas sur les civils quand il s'agit de monter dans l'autobus.

Il est donc tout naturel que les militaires soient dispensés de faire queue devant l'Institut et qu'ils entrent d'emblée dans l'immortalité.

D'ailleurs, lorsqu'un général est vainqueur, on s'aperçoit qu'il a synthétisé tout art et toute littérature de guerre en trois formules lapidaires : 1° « En avant ! » ; 2° « Tenez bon ! » ; 3° « Soldats, je suis content de vous !... » Soit deux temps et trois mouvements.

En somme, nos Gardiens de la Flamme n'ont fait que paraphraser en longs articles et en gros bouquins, ces trois discours essentiels. Les Gardiens de la Flamme s'assceoiront plus tard dans des fauteuils, s'il en reste... Entrez, messieurs les militaires. entrez, après avoir frappé.

L'éloquence militaire est un genre littéraire qui convient admirablement à notre époque, et dont les « ordres du jour » de la division et les « décisions » du régiment lègueront à la postérité des monuments impérissables.

Je me rappelle avoir connu sur les hippodromes suburbains un général en retraite qui possédait des chevaux de courses. Avant chaque bataille, il faisait venir son jockey, et au lieu de se répandre en discours diffus et en explications confuses, il lui disait simplement :

— Hum !... Au signal, vous partirez en tête et vous ne vous laisserez rejoindre sous aucun prétexte.

Voilà un modèle d'éloquence sportive et tactique : dire ce qu'il faut dire et rien de plus. J'imagine que si ce brave général avait vécu assez pour pratiquer, à partir de 1914 l'art de combattre ou l'art d'écrire sur les combats, il eût été de l'Académie, comme en sont aujourd'hui nos maréchaux, comme en seront demain nos stratèges honoraires.

Aussi bien, l'Académie Française sera, après le grand désarmement, le seul endroit de la terre où des hommes civilisés continueront à porter l'épée, le dernier refuge des militaires.

Alors, il faudra aménager, ailleurs, un petit coin où se réuniront les derniers grimauds de lettres : les types qui, comme Tristan Bernard, comme Georges Courteline, comme Louis Latapie, comme Laurent Tailhade, continuent à penser et s'obstinent à écrire.

Sans doute pourra-t-on aménager, à leur intention, les locaux désaffectés de l'Ecole de guerre.

LES MÉTAMORPHOSES DU MARÉCHAL.

Nous attendions beaucoup de l'éloquence du maréchal Foch. Sur la jetée de Calais, le maréchal avait prononcé ces fortes paroles :

— Qu'on m'amène les ouvriers ! Je leur dirai, moi, qu'après avoir été des lions, ils n'ont pas le droit d'être des moules !

Cette surprenante métamorphose est bien de style militaire. Notre Courteline a rapporté que le capitaine Hurluret exprimait fréquemment le désir d'être changé en bénitier ou en poêle à frire. Le mot impossible n'ayant pas cours dans l'armée française, il doit être fort aisé de transformer des lions en moules, les moules en ouvriers, et réciproquement. C'est ce que nous appelons un changement d'affectation par décision supérieure.

Or le maréchal Foch, lui-même métamorphosé

en académicien, a exécuté un étonnant escamotage stratégique, une conversion tout à fait remarquable.

La politesse académique veut que le nouvel immortel prononce l'éloge du prédécesseur entré sérieusement dans l'immortalité et dont il occupe le fauteuil encore chaud.

Or le prédécesseur du maréchal Foch était un civil... Prononcer l'éloge d'un civil ? « J'aime mieux être changé en compotier », aurait dit le capitaine Hurluret.

Mais le maréchal Foch a des lettres. Il n'ignore pas que M. Melchior de Voguë a écrit quelque chose sur le maréchal de Villars... Cherchez le militaire !... Le maréchal Foch a trouvé le militaire et prononcé l'éloge du maréchal de Villars. S'il avait su que le maréchal de Villars faisait des *Commentaires de César* sa lecture favorite, nous eussions entendu, sans doute, l'éloge académique de Vercingétorix.

Ainsi l'ombre souriante de M. de Voguë a pu murmurer : « Quand je pense que c'est de moi que le maréchal Foch eût dit ces belles choses si j'avais seulement perdu la bataille de Malplaquet !»

Mais M. de Voguë aura sa revanche dans... mettons dans vingt ans.

A cette époque les négociants auront leur tour. Après les prélats, les ducs, les politiciens, les ingénieurs et les militaires, les mercantis entreront à l'Académie.

Ce jour-là aura lieu la réception du duc des Anchois, Epicier Général de France. Le duc des Anchois, ayant pour parrains MM. de Citroën et Georges Carpentier, prendra place sur le fauteuil du maréchal Foch et prononcera en ces termes l'éloge de son regretté prédécesseur :

Ce n'est pas sans émotion, messieurs, que je m'assois à ce comptoir et que j'ouvre ainsi un nouveau rayon dans cet établissement qui compte déjà, si j'ose dire, tant de rayons de gloire.

Je m'efforcerai de maintenir les traditions établies par mon illustre prédécesseur, le maréchal Foch, qui vient de déposer son bilan et dont je dois vous retracer à grands traits la glorieuse carrière.

Lorsque le maréchal Foch entra à l'Académie, le commerce des denrées alimentaires sortait à peine, grâce à la guerre, d'une période de marasme et de routine. En 1914, messieurs, un épicier devait travailler vingt ans pour acquérir une modeste fortune.

Et je dois ici rendre hommage à un grand précurseur qui ouvrit la voie aux méthodes hardies et nouvelles grâce auxquelles nous pouvons aujourd'hui saluer bien bas l'aurore d'une nouvelle aristocratie, l'aristocratie des nouilles fraîches et des denrées coloniales.

Félix Potin, messieurs, naquit à Paris le 5 septembre 1847. Après de modestes études...

Alors l'ombre mélancolique du maréchal Foch murmurera :

— Quand je pense que c'est de moi qu'il dirait ces belles choses si j'avais seulement vendu des lentilles dans de grands sacs et du poivre dans des petits cornets !

LE MANTEAU DE LA MARÉCHALE.

Les « Hauts-Pyrénéens de Lyon » (ne regardez

pas sur la carte; il y a quelque part des Hauts-Pyrénéens de Lyon, comme il y a, à l'Académie, un Auvergnat de Lorraine qui est plutôt un Lorrain d'Auvergne. Telle est l'ethnographie des Déracinés), les Hauts-Pyrénéens de Lyon ont décidé d'offrir un manteau à la maréchale Foch, pour remercier son illustre époux d'être né dans les Hautes-Pyrénées.

Les journaux nous font la description de ce manteau :

« Il est en velours de Lyon, doublé de soieries lyonnaises ». Sa couleur, violet sombre, a été choisie par la maréchale elle-même. Sa forme : une cape inédite (*sic*), avec un col Médicis richement brodé.

« Dans le bas du manteau, une large bande de broderie porte les armoiries de Bretagne et celles de Guyenne et de Gascogne, reliées par des rinceaux et des edelweiss à un large médaillon qui, au milieu du dos, représente un montagnard des Pyrénées et une Bretonne se donnant la main. Ce couple constitue l'allégorie de l'alliance (*sic*) du maréchal Foch et de la maréchale.

« Les devants et le col sont bordés d'un cordon de soie et de métal avec un motif à chaque coin du col (*sic*), où sont enchâssés des améthystes. Enfin la fermeture est faite d'un collier de cordons de soie et métal formant dragonne et d'une cravate en velours violet que terminent des glands retenus par deux fleurs de France. »

Excusez-moi d'avoir reproduit ce morceau. Il est classique comme la description de la cuirasse d'Achille, qui comportait des allégories patriotiques, à l'instar de la cape inédite dont les Hauts-Pyrénéens de Lyon prirent mesure sur la reine Catherine de Médicis pour en faire hommage à la maréchale Foch.

Certes, dans la couleur violette de ce manteau et dans les améthystes qui en rehaussent le collet, on aurait grand tort de voir un symbole épiscopal qui serait quelque chose comme l'Alliance du Sabre et du Goupillon.

Mais on aurait également tort de voir seulement un symbole conjugal dans l'union de la Bretonne et du Montagnard que la maréchale va porter dans le dos. C'est, en outre, le panneau-réclame du régionalisme: il est attesté, par cette image, que jamais la guerre n'éclatera entre les Bretons et les Pyrénéens, ces deux peuples étant séparés par une trop grande distance kilométrique et un trop grand nombre de préfectures interposées.

On peut prédire un joli succès à la maréchale Foch le jour où elle sortira en ville, après le rapport, avec sa belle cape inédite. Elle entraînera derrière elle, non seulement les Hauts-Pyrénéens de Bretagne et les Bas-Bretons de Paris, mais un certain nombre d'enfants de la Butte et de Ménilmuche, qui lui composeront un cortège harmonieux. Et les passants des boulevards, entendant le murmure flatteur élevé sous ses pas, se diront : « Quelle est donc cette dame ? » et ne comprendront pas.

Mais on ne saurait trop encourager cette nouvelle mode. Jusqu'à notre siècle, c'était les généraux, les maréchaux et les chefs vainqueurs qui portaient eux-mêmes des chamarrures, des broderies, des panaches, des insignes symboliques, des étoffes aux couleurs éclatantes et des manteaux somptueusement ridicules.

Maintenant, ils font porter tout ça par leur

femme. C'est beaucoup mieux. Dans un ménage, c'est l'homme qui doit porter la culotte et la femme qui doit porter la toilette.

Et puis beaucoup de guerres éclataient et duraient pour ce seul motif que beaucoup de militaires voulaient embellir leur toilette et y ajouter de nouvelles dorures, de nouvelles broderies de feuilles de chêne, de nouveaux cordons soie et métal et de nouveaux panaches...

Hélas ! les causes de conflits internationaux ne sont pas écartées; elles sont seulement déplacées.

Demain, la générale dira à son général de mari :

— Dis-moi, chéri, quand est-ce qu'il y aura une nouvelle guerre ? Tu vois, je n'ai plus rien à me mettre.

« IN PARTIBUS INFIDELIUM ».

Nous avons vu un musicien refuser la croix de la Légion d'honneur.

Nous avons vu mieux : un général décline l'honneur d'être reçu par l'Académie Française, qui lui a décerné un fauteuil il y a bien longtemps... L'Académie Française est patiente, ayant non seulement le moratorium du temps, mais le privilège de l'éternité... Néanmoins, elle s'impatiente de voir vide ce fauteuil et de voir s'éterniser la quarantaine du général Lyautey... On sait que la quarantaine est la quadrature du cercle distingué fondé par le cardinal de Richelieu. Depuis bientôt quatre siècles, les académiciens jouent à être quarante sans pouvoir y réussir, car le jeu normal des décès vient sans cesse contrarier les efforts de recrutement. Alors, il est bien naturel, n'est-ce pas, que l'Académie pense à faire venir des renforts du Maroc et qu'elle demande au général Lyautey : « Quel jour venez-vous vous asseoir ? »

Par malheur, la nécessité d'obturer un fauteuil qui a horreur du vide ne semble pas au général Lyautey une raison suffisante pour abandonner l'occupation du Maroc.

Etant donné que l'Académie est un salon et que les académiciens sont des gens du monde, le général Lyautey a cependant répondu par une défaite polie :

« Désolé, mais j'ai d'autres chiens à fouetter. Je n'ai pas le temps de m'amuser à lire les œuvres d'Henri Houssaye, qui fut, je crois, mon prédécesseur, pour en tirer les éléments d'un discours de réception. »

Et qui donc, si ce n'était un général, s'amusera à lire les œuvres de M. Henri Houssaye sur les dernières campagnes de Napoléon Ier ?

Et qui donc, si ce n'est son successeur, prononcera l'éloge auquel a droit l'académicien défunt ?

Il n'est pas de tradition, sous la Coupole, d'exiger ou même d'accepter une démission pour manque d'égards envers les morts ou d'assiduité parmi les immortels... Et je ne sais pas si les règlements militaires permettent au maréchal Foch et au maréchal Joffre, incorporés dans l'illustre compagnie avec un grade supérieur, de rappeler par voie hiérarchique le général Lyautey à son poste du quai Conti.

Ce que je sais, c'est que le général Lyautey invoque un scrupule qui n'est pas de mise. Un réglement nouveau, élaboré dans les bureaux de l'état-major, dispense du salut à la mémoire des académiciens civils les officiers généraux faisant partie du corps d'occupation installé à la tête de pont des Arts.

Ainsi, le maréchal Foch s'étant un jour levé pour prononcer l'éloge de son prédécesseur, le vicomte de Voguë, récita froidement la bataille de Malplaquet.

Ainsi le maréchal Joffre, qui succédait à... Ma foi ! je ne sais plus à qui succédait le maréchal Joffre, et ce n'est pas son discours de réception qui peut me renseigner.

Alors, si le général Lyautey vient parler de M. Henri Houssaye à trois douzaines de vieux types qui le connaissaient mieux que lui, il aura réellement l'air de revenir du Maroc...

En somme, le précédent établi par nos illustres guerriers est tout à fait fameux pour leurs successeurs présomptifs qui se trouveraient rudement embarrassés, au jour solennel de leur réception, s'il leur fallait parler des œuvres littéraires du maréchal Foch, du maréchal Joffre ou du général Lyautey.

Des gens penseront sans doute que le général Lyautey eût été mieux inspiré en usant de la franchise militaire :

« Je ne vais pas m'asseoir à l'Académie parce que j'ai encore de l'énergie, des forces, une intelligence que je dois employer pour le bien de mon pays : en un mot, parce que je suis encore bon à quelque chose. Quand je ne serai plus bon à rien, j'irai m'asseoir à l'Académie. En attendant, permettez-moi d'être académicien *in partibus infidelium.* »

Malheureusement, comme j'ai eu le plaisir de vous le dire, l'Académie est un salon d'où la politesse doit exclure la vérité.

UNE SÉANCE DE L'ACADÉMIE FRANÇAISE EN 1958

(Compte rendu analytique)

L'appel est sonné à 2 heures par le trompette de semaine. Personne n'est porté manquant. Déduction faite des académiciens en permission régulière et du général Varrès, en subsistance à la sous-préfecture de Cologne, l'effectif de la compagnie se monte à 34 hommes.

Le lieutenant-colonel Brunet, stratège perpétuel, donne lecture du récent communiqué, portant le thème des manœuvres relatives aux dernières élections académiques. Les civils ont été repoussés ; pour la cent-vingt-septième fois depuis 40 ans, MM. Paul Adam, Chevrillon, Pierre Veber, Imbart de la Tour, Adolphe Brisson et Le Goffic ont dû se retirer sur leurs positions *(applaudissements)*. L'adjudant Flick, auteur de l'ouvrage intitulé : « *Les beaux motifs* », a été élu à l'unanimité *(applaudissements répétés)*.

Le maréchal Bravida félicite la Compagnie de l'ensemble parfait avec lequel ont été exécutés ces mouvements.

Le général Cherpère parle au nom de la Commission du Dictionaire, qui espère, d'ici quelques années, avoir terminé ses travaux relatifs au mot « *idoine* » et pouvoir s'attaquer au mot « *inapte* ».

Le maréchal Hurluret donne lecture d'un message de l'Académie régionale de Limoges. Cette formation auxiliaire doit être encouragée, car elle permet de récupérer un certain nombre d'officiers généraux dont l'utilisation était devenue difficile en temps de paix.

Une proposition est déposée sur le bureau de

l'Académie, tendant à accorder le prêt franc aux académiciens qui aujourd'hui sont rarement nourris en ville, vu la disparition des salles à manger académiques.

Le sujet du prochain concours national de poésie est ainsi fixé : « *De la longueur des cheveux dans les formations auxiliaires de l'armée carthaginoise, sous le suffète Hannon (276 av. J.-C.).* »

Après une longue discussion, le grand prix de Vertu (fondation Monthyon) est attribué par moitié au cavalier Croquebol et au brigadier La Guillaumette, pour leur conduite au cours de la campagne de Bar-le-Duc.

Le général Chonnot attire l'attention de l'illustre assemblée sur les difficultés croissantes auxquelles donne lieu le recrutement de l'Institut depuis que la paix de 1918 a amené la liquidation des armées permanentes. Il est décidé que, désormais, les nouveaux académiciens pourront être choisis dans la gendarmerie, parmi les pompiers, ou dans le corps des gardiens de la paix.

L'ordre du jour étant épuisé à 3 heures 45, les immortels sont autorisés à regagner individuellement leurs cantonnements.

JEUX INNOCENTS

Un journal du soir, qui s'est spécialisé de la façon la plus heureuse dans l'écho patriotique assaisonné d'une pointe d'attendrissement, publie ce filet savoureux :

Dans le café du buffet de la gare de Lyon, hier un général en grand uniforme attire les regards. Il est plongé dans un travail qui semble ardu et

*qui ne lui permet point de lever les yeux sur ceux
qui le contemplent avec attention.*

*En réalité, d'ailleurs — et l'indiscrétion n'était
ni difficile, ni osée — le général travaillait, dictionnaire en mains, à des mots croisés.*

Vous voyez d'ici le charmant tableau : le général en grand uniforme, sérieux comme s'il prési-
dait un conseil de guerre et penché sur un pro-
blème dont dépend peut-être le sort des peuples.
Tout autour de lui, un cercle de consommateurs
attentifs et plongés dans un silence respectueux.
Le général manœuvre alternativement un dictionnaire et sa carte des opérations...

Soudain, il appelle le garçon d'ordonnance :

— Garçon... un renseignement ! ... Vous êtes de
planton dans une gare ; vous devez connaître la
géographie, qu'est-ce que c'est que ça : « *Ville
dont le climat dessèche la graine d'épinards ?* »

— Ça doit être Limoges, mon général.

— Merci... Vous êtes un idiot... Rompez !... Fai-
tes-moi venir le gérant de semaine... Dites-moi,
gérant, un renseignement... Je cherche le « *nom
d'un fermier général* ». Vous n'avez pas ça dans
vos relations ?

— J'ai entendu parler de Cincinnatus, qui était
général et fermier...

— Attendez que je compte sur mes doigts... Non,
Cincinnatus est inapte ; il a trois lettres de trop...
Autre chose... « *Se dit d'une dame qui relève de
maladie* » J'ai trouvé !... C'est « *guérite* » !

N'est-ce pas délicieux ?... ,Que j'aime à voir
autour de cette table, un général désarmé et dont
la plume inoffensive résout de puériles énigmes
au lieu de tracer des ordres meurtriers ou de por-

ter à soixante jours de prison les quatre jours de consigne mérités par le soldat Croquebol !

Peut-être demanderez-vous pourquoi ce général inconnu revêt sa grande tenue et va s'installer au buffet de la gare de Lyon pour déchiffrer des mots croisés.

C'est pour donner tout l'éclat convenable à une démonstration publique... Il s'agit de prouver que les généraux ne sont pas plus bêtes que d'autres, qui ne sont pas généraux. Il s'agit de prouver que les généraux sont idoines à un travail intellectuel. Il s'agit de prouver que les généraux sont capables de mener à bien une occupation littéraire, du moment qu'ils ont un dictionnaire sous la main... (Une supposition qu'un général touche un dictionnaire de rimes ; c'est rare s'il ne vous fait pas des vers aussi intelligibles que les vers de M. Paul Claudel.)

C'est le maréchal Joffre qui a donné le grand exemple... Mais un simple général n'a pas le droit de se déguiser en académicien pour chercher la définition d'un mot qui est dans le dictionnaire. Il a du moins le droit de se mettre en grande tenue et de s'installer à la gare de Lyon pour chercher un mot dont on lui a fourni la définition.

Ne trouvez-vous pas que le souci montré par les généraux de s'habiller richement lorsqu'ils s'adonnent à des travaux littéraires est un hommage rendu par l'armée à la littérature ?

Je pense à un tableau, à un autre tableau qui est de Meissonnier, je crois, et qui représente Napoléon penché sur une carte d'état-major ; la carte est dépliée sur un tonneau ; le tonneau est dans une chaumière ; la scène est éclairée par une chandelle... Les habitants de la chaumière contemplent

Napoléon avec une adoration respectueuse et un peu terrifiée.

Napoléon déchiffre des mots croisés qui sont sans doûte : *Gloire... Ruine... Massacre... Waterloo... Sainte-Hélène.*

Décidément, je préfère le charmant tableautin qui a pour cadre le buffet de la gare de Lyon.

ON DEMANDE UN GARDE PARTICULIER.

Il paraît que le G. Q. G. de Chantilly attend un nouvel hôte illustre. Le maréchal Pétain s'apprête à y goûter, pendant la paix, un repos rémunérateur. Le maréchal Joffre, qui fut de Chantilly, pendant la guerre, le locataire principal, peut donner à son successeur d'excellentes références. Il fit là-bas de très bons sommes, que ne troubla pas le bruit du canon...

Bruit inoffensif, car on sait que, par convention tacite et politesse réciproque, les deux G. Q. G. des deux armées ennemies, au cours des hostilités qui ne respectent pas autre chose, s'abstinrent de s'entre-bombarder. Ainsi, tandis que la cathédrale de Reims croulait sous les obus, la présence du généralissime à Chantilly préservait le château du duc d'Aumale.

Et voilà comment le maréchal Joffre fut le premier conservateur de Chantilly, sauvegardé par insigne faveur, cependant que les envois de la grosse Bertha passaient très haut dans le ciel, allant plus loin, vers Paris, où siégeaient seulement les chefs du pouvoir civil... C'est un précédent.

On prétend que M. Châtelain, bibliothécaire du

Collège de France aurait l'audace d'opposer sa candidature à celle du maréchal Pétain.

L'Académie cherche un garde particulier à mettre sur ses terres... Ce serait bien mal connaître son esprit que de reconnaître une chance à un candidat civil pour un emploi où il faut par tradition un ancien militaire.

Les goûts de l'Académie s'accordent avec ses traditions. Et, depuis qu'elle se recrute dans le militaire, elle n'a qu'à se féliciter des choix qu'elle fit. Seul sous la Coupole le maréchal Joffre assiste régulièrement aux séances du Dictionnaire, que sèchent tous les académiciens civils. A l'austère devoir obstinément fidèle, il se montre attentif à la théorie et naïvement avide d'instruction, à la manière de M. Jourdain.

Le maréchal Pétain n'a pas de goût pour un emploi sédentaire et se sentirait mal à l'aise sur un fauteuil, quelle que soit la distinction des douairières formant son état-major. Mais il fera un garde supérieur sur le domaine de Chantilly. Le bicorne et l'épée qu'il touchera au vestiaire de l'Institut produiront une impression de terreur salutaire sur les irrévérencieux petits lads, prompts à fouler les pelouses et à piétiner les bégonias.

En bonne justice, un militaire de même grade doit donc succéder au Grand Marnier au G. Q. G. de Chantilly, comme protecteur de la nature et des arts, comme inspecteur de la cavalerie d'élite qui galope en anglais sur le plus coûteux des terrains de manœuvre. Car il faut se rendre compte de ce que Chantilly est territoire britannique par les mœurs, la population et le langage. Ainsi le maréchal Pétain exercera une sorte de gouvernement colonial et sera l'homme d'une revanche que Napoléon n'avait pas prévue.

Et puis, à enregistrer ce curieux changement de rôle qui fait d'un militaire un conservateur, nous éprouvons une satisfaction analogue à celle que nous ressentons à voir une pièce d'artillerie prendre sa retraite comme pièce de musée.

Ce sera un beau jour que celui où tous les adjudants seront promus gardiens de square et tous les maréchaux gardes particuliers.

« SAUTISSEZ ! »

Nous savons, en France, accommoder les restes de nos vieilles gloires. Avec les super-héros de la grande guerre nous avons fait des députés, des académiciens et des gardiens supérieurs de domaines nationaux.

Le maréchal Pétain, affecté à Chantilly, fait passer chaque matin à la tondeuse réglementaire les pelouses historiques, l'obstination que le gazon met à toujours repousser lui rappelle l'indiscipline irréductible du cuir chevelu des soldats de 2e classe. Et il contemple avec amertume ce miracle naturel et quotidien, par quoi les généraux en activité et les maréchaux en retraite sont assimilés à l'infortunée Pénélope.

Le maréchal Joffre, promu immortel « honoris causa », a pris son affectation au sérieux. Il potasse sa théorie ; plus assidu aux séances du dictionnaire qu'aucun professionnel, il ne rate pas un seul de ces cours du soir que Richelieu institua avec l'espérance illusoire d'enseigner aux académiciens la grammaire et la syntaxe françaises.

Et le brave général Castelnau, pendant que le

brave général Saint-Just chasse l'antipatriote dans les tirés du Palais-Bourbon, nous prépare une petite guerre civile qui nous fera patienter dans l'entr'acte entre deux guerres internationales, fraîches. joyeuses et définitives.

Mais que faisions-nous du maréchal Lyautey ? Personne ne parlait plus du maréchal Lyautey depuis que le Maroc est, sinon pacifié, du moins civilisé (nous voulons dire rendu à la vie civile).

Le maréchal Lyautey vient de faire une brillante rentrée en présidant le banquet du « *Burnous* », association des anciens spahis. A cette occasion, il a montré des aptitudes insoupçonnées. Ce fut une véritable révélation.

Chaque ministre avait envoyé un représentant, ce qui fait déjà beaucoup de monde. Il y avait en outre un état-major imposant, composé de généraux, de colonels, d'officiers supérieurs, que c'était comme un bouquet de fleurs.

Un orateur bien intentionné compara le maréchal Lyautey à Scipion l'Africain... (Scipion l'Afrisain était âgé de trente ans lorsqu'il colonisa le Maroc romain situé à l'endroit où nous pouvons voir aujourd'hui la Tunisie).

Le compliment ne tomba pas dans l'oreille d'un sourd.

A l'heure où le vulgaire se contente de lever, puis de vider des coupes de champagne, le maréchal Lyautey voulut démontrer plus activement sa permanente jeunesse.

Je n'invente rien... Lisez les journaux d'information à la date du 21 mars.

Le maréchal Lyautey sauta avec adresse et précision par-dessus les tables du banquet.

Puis, se tournant vers le général Bucan, il commanda :

— Sautez, Bucan !

Et le directeur de la cavalerie sauta les obstacles, comme à Saumur, avec cette différence fort méritoire qu'il n'avait pas de cheval entre les jambes.

— Sautez, Faure !

Et le colonel commandant le 11e cuirassiers imita l'exemple de ses chefs.

Je suppose que le colonel d'ordonnance de M. Paul Bénazet sauta également ; d'abord parce qu'il est fort obéissant et ensuite parce qu'il doit sauter plus haut que tout le monde, ayant l'honneur de représenter le ministère des sports et de la culture physique.

Le maréchal Lyautey est évidemment fort jeune. Il ne pourra rajeunir encore que le jour où il se mettra à quatre pattes, priera un colonel de cuirassier de monter sur son dos et s'écriera : « A dada ! En avant ! A dada ! »

Mais le maréchal Lyautey vient de montrer qu'il était encore apte et idoine à de fameux exercices.

Qu'en pensent MM. Dufrenne et Varna, directeurs du music-hall de l'Empire ?

Pour succéder à « *Silvain et Molière* », les duettistes qu'ils ont récemment découverts et affichés sur tous les murs de Paris, pourquoi n'engageraient-ils pas le maréchal Lyautey dans un numéro sensationnel de haute-école.

Le maréchal Lyautey, armé d'une chambrière, debout au centre de la piste et commandant à la façon des clowns les mouvements qu'exécuteraient de brillants officiers généraux et supérieurs, bien dressés et harmonieusement harnachés.

— Trottissez !... Sautissez !... Galopissez !

Ce numéro ne serait pas déplacé à l'Empire, car il serait exactement dans le style napoléonien.

Et puis il amuserait beaucoup les militaires, je veux dire les militaires qui n'ont pas de galons et qui sont militaires malgré eux.

Bah ! nos grands chefs ne nous feront jamais autant rire qu'ils ont pu nous faire pleurer.

SERVITUDE MILITAIRE

Un de nos confrères publie un article sensationnel sur la misère de la Grande Muette.

La Grande Muette, c'est l'armée, par euphémisme ; il n'est rien qui soit plus bavard que la Grande Muette et qui puisse faire plus de boucan dans les rues des villes et dans la paix des campagnes.

La Grande Muette se plaint, pour le moment, d'être mal nourrie ; non point le troufion, qui, par principe, doit trouver la soupe excellente, pour peu qu'il tienne à coucher dans son lit ; mais bien l'officier, que les dures nécessités de l'existence obligent parfois à déroger, c'est-à-dire à travailler.

Notre confrère nous apprend que des officiers se relèvent la nuit pour empaqueter des colis dans les grands magasins et pour laver, dans les garages, des taxis qui seront conduits le lendemain par des généraux russes (et ceci est dans l'ordonnance de la discipline).

Ces révélations sont propres à inspirer une admiration sincère et spontanée aux soldats de 2ᵉ classe. Les soldats de 2ᵉ classe savent par expérience personnelle que le métier militaire ne consiste pas

uniquement dans des parades brillantes et dans
des défilés en tenue n° 1 ; il y a aussi, il y a surtout le fourbi, l'astiquage et la corvée de quartier.
Les soldats de 2ᵉ classe apprendront avec joie que
les officiers ne sont pas exempts, et qu'ils s'ap-
puient la corvée de quartier et qu'ils s'envoient
l'astiquage, et qu'il faut que ça reluise, faute de
quoi, ça bardera pour leur matricule, ordre du
général russe.

Mon année de service militaire m'a tout de
même laissé un arrière-goût délicieux. Car j'eus la
joie, peu de temps après ma libération, de rencontrer mon adjudant dans un café du Quartier
Latin, où il servait en qualité de garçon. Mon
adjudant ne portait pas le nom de Flick, mais il
en avait l'âme et je lui dois le meilleur de mon
antimilitarisme.

De ma vie je n'ai passé autant d'heures au café.
J'avais prévenu ceux de mes anciens camarades de
régiment, qui habitaient Paris, et nous avions organisé dans cet établissement du Quartier une sorte
de corps de garde civil où l'équipe montante
relayait l'équipe descendante. J'ai connu là des
joies très pures. Jamais on ne vit clients plus exi-
geants, ni garçon de café plus soumis. Bien que
j'eusse peu de goût pour les apéritifs, je faisais
remettre ça trois fois pour le plaisir de donner
des ordres au garçon et bien que j'eusse horreur du tabac, je fumais cinq cigarettes par soirée
pour le plaisir de commander du feu à l'ancien
adjudant.

Or, il advint ceci, que l'ancien adjudant devenu
garçon de café émut notre esprit de justice... Car
c'était un homme de devoir... Il considérait jadis
que son devoir consistait à nous faire coucher à la

salle de police ; il considérait maintenant que son devoir consistait à nous servir sans hésitation, ni murmure... Il vint un moment où nous cessâmes de le brimer ; nous lui donnâmes de l'avancement ; il fut dès lors regardé, non plus comme un ancien adjudant, mais comme un honorable garçon de café.

Car tous les métiers sont honorables, et il faut estimer le brillant officier, dont « la crampe d'estomac étincelle au soleil », tout autant que le laveur de voitures, qui exerce dans l'ombre une profession vraiment alimentaire.

Mais est-il vraiment nécessaire de passer d'abord par Saint-Cyr, de perdre son temps dans diverses villes de garnison, et de subir une reluisante misère, dans une paresse dorée, sous un uniforme archaïque, lorsqu'on est apte à laver des voitures, idoine à ficeler des paquets, capable de vivre de l'effort de ses bras ?

Laver des voitures dans un garage, ficeler des paquets dans un magasin, ce sont des besognes de début lorsqu'on les considère du point de vue civil. Il faut les regarder de haut et l'absurdité militaire prouve qu'elles apparaissent comme le couronnement d'une carrière.

« DESINIT IN PISCEM »

Voyez comme c'est drôle...

En félicitant hier les officiers qui, pour prendre un peu d'exercice entre leurs repas et pour mettre un peu de beurre dans leur graine d'épinards, lavent les voitures dans les garages ou ficellent des paquets dans les magasins, j'avais conscience d'aller tout de même un peu fort, et j'attendais la réaction avec plus d'amusement que d'inquiétude.

Jusqu'à présent, la réaction s'est manifestée sous forme de deux pneumatiques dont les expéditeurs m'en racontent pour leurs vingt sous.

Mais je n'attends plus le gros du courrier, et je réponds par avance à mes aimables correspondants. « Toute la correspondance relative à la Misère de la Grande Muette doit être adressée à MM. Amiel et Obey, aux bons soins de M. l'administrateur de la Comédie-Française. »

La nouvelle pièce que la Comédie-Française vient d'avoir l'honneur de représenter pour la première fois devant le Tout-Paris des répétitions générales met en scène un vieux général qui, étant en retraite, a besoin de gagner sa vie. Ce vieux général, pour gagner sa vie, ne lave pas les voitures et ne ficelle pas les paquets... Ce sont besognes indignes du noble répertoire, et que les marauds galonnés accomplissent dans la coulisse...

Le général Vernon, pour gagner sa vie... Diable ! Comment vais-je vous dire cela en termes décents, convenables, discrets, de façon à ne choquer personne ?

Le général Vernon, pour gagner sa vie, fait métier de maquereau.

Vous auriez sans doute compris si je m'étais contenté de copier la phrase délicieuse d'Edmond Sée sur ce « personnage d'homme complexement, hardiment véridique, et conforme à lui-même, à son essence, à sa nature, du début à la fin ».

Mais les points doivent être mis sur les i.

Les spectateurs de la générale (je parle de la représentation) ont appris sans indignation que la générale (je parle de la femme du général) a un amant qui s'appelle Charles d'Albeyrac, comme dans les feuilletons. Et le général Vernon, qui porte un nom de station, a une âme de chef de gare conscient. Il sait parfaitement que M. d'Albeyrac, chez lui, fait bouillir la marmite (prenez ce mot, autant que possible, au sens propre ; je ne fais point allusion à la générale).

Ah ! et puis le général Vernon a aussi un fils, qui est sergent-major et qui mange la grenouille (prenez cette fois le mot dans le sens figuré), puis se suicide pour ne pas déshonorer le nom de son père.

Voilà.

Et que deviennent, je vous prie, les traditions de la Comédie-Française ?

Dans les pièces que, de tout temps, on a jouées à la Comédie-Française, il y a (bien entendu) des fripouilles, sans quoi les pièces n'auraient pas le moindre intérêt. Mais les fripouilles ne sortent pas de leur emploi : ce sont des financiers, comme dans *Turcaret* ou *Les Affaires sont les Affaires*, ce sont des ministres, comme dans *Ruy Blas*, et, si l'on présente un maquereau, comme on voit dans *Le Roi s'amuse*, ce maquereau s'appelle Saltaba-dil ; il n'a pas de domicile fixe, de profession avouable, ni de nationalité définie.

Au Théâtre-Français, l'emploi de général français doit être hautement honorable, noblement désintéressé, et évoquer les plus beaux sentiments. Certes, un général français ne peut pas entrer à cheval, à la tête de ses troupes, sur la scène du Théâtre-Français, comme il entre sur la scène du Châtelet, qui est apte et idoine aux évolutions équestres. Mais la cavalcade en musique est ici remplacée par une conversation patriotique et d'une rare élévation morale.

Montrer un général cocu sur une scène subventionnée, c'est déjà indécent.

Montrer un général cocu et qui le sait et qui en profite, c'est vraiment intolérable.

Donner par surcroît à ce général, fort gratuitement, un fils qui est voleur et sergent-major !... Ah ! pour le coup, MM. Obey et Amiel le font certainement exprès !

Mais il faut s'attendre à tout, avec le gouvernement que nous avons...

Avant de vous indigner contre moi, à propos de brosses et de ficelles, attendez le résultat de l'interpellation qui ne pourra manquer d'avoir lieu à la Chambre sur la subvention du Théâtre-Français. Interpellation au cours de laquelle le général de Saint-Just, de son poste de tir, fusillera sans doute M. le ministre des Beaux-Arts.

COMME NOUS L'AVIONS ANNONCÉ...

Trois jours après la répétition générale de *La Carcasse*, alors qu'un public réputé particulièrement intelligent avait entendu la pièce sans émettre de protestations, et que des spectateurs plus ordinaires y avaient assisté sans songer à mal, je publiais à cette place un article plein de bouffonnerie outrancière et de feinte indignation.

« Eh quoi ! un général cocu, et qui sait qu'il est cocu, et qui en tire profit !... Un général dont le fils est voleur et sergent-major !... Est-ce tolérable à la Comédie-Française ?... Non... Il faut espérer qu'un député, plein d'indignation patriotique, se dressera pour demander la suppression du crédit accordé à notre première scène subventionnée. Il faut espérer que le général de Saint-Just, debout au banc de l'accusation, fusillera le ministre de l'instruction publique. »

Ma prophétie s'est réalisée. Il n'y a pas de quoi se vanter ; car je suis profondément épaté de la réalisation d'une fiction par quoi je poussais à l'absurde les vigilants « gardiens de notre patrimoine national »... Mais c'est une spéculation de tout repos que de pousser ces gens-là à l'absurde. Ils ne marchent pas ; ils courent, et ce qui est difficile, ce n'est pas de les mettre en mouvement, c'est de les arrêter.

Une seule petite modification s'est produite dans l'exécution du plan que j'avais conçu. Ce n'est pas le général de Saint-Just qui a fusillé les ministres de l'instruction publique (car on en a visé deux). C'est le général de Castelnau qui a épaulé. Il n'a pas réussi à abattre une pièce qui cependant a du plomb dans l'aile.

Pourtant, il faut être toujours juste et de bonne foi, même vis-à-vis de ceux dont on ne partage pas les idées.

M. Lamoureux a eu parfaitement raison de déclarer qu'il n'exigerait pas le retrait de *La Carcasse*, sous prétexte que *La Carcasse* ne plaît pas à tout le monde. A ce compte, peu de pièces et très peu d'artistes tiendraient le coup, et il n'y aurait plus d'art dramatique possible.

Mais M. Desjardins a eu parfaitement raison de demander une réduction de 20.000 francs sur le crédit officiel affecté à la Comédie-Française. Il devait même être plus audacieux et demander la suppression totale d'une subvention injustifiée.

Car enfin, il vous est permis de dire :

— Personne n'est obligé d'aller à la Comédie-Française, où on trouve des spectacles pour tous les goûts. Lorsque Molière est sur l'affiche, les médecins, les cocus et les dévots, dont la susceptibilité professionnelle, religieuse ou conjugale est excessive, sont parfaitement libres de rester chez eux. Mais Molière est chez lui... Les banquiers s'abstiendront de constater qu'Isidore Lechat reflète leur image et leurs sentiments... Les féministes n'assisteront pas à cette leçon de dressage que donne aux maris *La Mégère apprivoisée*... Et, lorsqu'on affichera *La Carcasse*, les anciens généraux emmèneront de préférence leur famille aux Folies-Bergère, où des escadrons, des compagnies, des régiments de jolies filles (filles d'officiers supérieurs) exécutent des évolutions presque militaires sans porter le moindre uniforme qui puisse être offensé par le moindre scandale.

Pardon... Votre raisonnement ne tient pas debout. Vous oubliez que tout citoyen français est contribuable du Français, même s'il n'y a jamais occupé un strapontin. Nous payons tous des impôts, et c'est avec le produit de nos impôts qu'on subventionne les théâtres subventionnés.

De telle sorte que les médecins, les dévots, les cocus et les vieux généraux paient des impôts pour qu'on joue au Français des pièces où les dévots sont odieux, les médecins ignorants, les généraux cocus et les cocus ridicules.

Il faut donc supprimer la subvention ; ou bien alors, tant que le Théâtre Français sera subventionné, y jouer des pièces qui ne déplaisent à personne.

Napoléon, qui semble particulièrement intéressé dans l'affaire (car il fut général et cocu), avait-il prévu ces étranges conséquences du décret de Moscou ?

UN PANTHÉON AUXILIAIRE

On ne saurait sans injustice refuser à nos patriotes professionnels une certaine imagination : ils ont imaginé l'apothéose du Soldat Inconnu sous l'Arc de Triomphe ; ils ont imaginé, sur le Soldat Inconnu, le symbole des flammes éternelles, image hérétique d'un paradis militaire conçu suivant la formule de l'enfer... Mais voici une idée plus grandiose, plus saugrenue, et destinée à un plus grand succès.

M. André Lefèvre, ancien ministre de la guerre, a fait voter à l'unanimité par le congrès des officiers de réserve un vœu tendant à l'institution d'un Panthéon auxiliaire où seront transférés *les corps des généraux décédés* (sic) ayant commandé pendant la guerre une armée ou un groupe d'armées...

Il n'est pas question, bien entendu, « de ce temple néo-grec que l'architecte Soufflot édifia au sommet de l'ancienne montagne Sainte-Geneviève, à la gloire de grands hommes trop nombreux ou trop contestés... » Non ; dans ce vieux Panthéon, la société est trop mêlée. Il y a des civils, et, parmi ces civils, des individus que les militaires soupçonnent de ne point avoir inventé la poudre.

Les corps des généraux promus seront transférés aux Invalides, dont le dôme est plus gai à l'œil que celui du Panthéon. Ils constitueront une garde d'honneur, un état-major posthume au dieu de la guerre, qui repose là depuis un siècle. Napoléon, entouré de drapeaux qui seraient sans doute intacts et d'hommes qui seraient peut-être complets s'il n'était jamais venu au monde, reçoit au milieu de ces lamentables ex-voto la visite d'Anglais reconnaissants à l'homme qui fit par malveillance la prospérité supérieure de l'Angleterre... Plus tard, les généraux de la grande guerre recevront aux Invalides la visite d'Allemands reconnaissants d'une défaite victorieuse qui fit de l'Allemagne un pays à change élevé.

Les congressistes ont toutes les délicatesses. Ils s'excusent de ne pouvoir « étendre aux commandants de corps d'armée le bénéfice de cette mesure » (*sic*). Mais la place est limitée et les « bénéficiaires » sont déjà au nombre de douze.

Ainsi, nous sommes menacés de douze cavalcades funèbres à grand spectacle. Douze généraux seront exhumés, arrachés au caveau de famille où ils reposent parmi les leurs, dans leur province natale. Leur dépouille, qui n'est plus que poussière (c'est l'aspect le plus engageant que puisse leur prêter la supposition la plus respectueuse), sera hissée sur un affût de canon, enveloppée d'un drapeau tricolore et trimballée triomphalement à travers Paris pour être emmagasinée, sous les fleurs dérisoires et les discours inutiles, dans une caserne camouflée en Panthéon... Debout, les morts ! Le tambour de Henri Heine, de ses mains décharnées, bat la grande relève, et cette fois les généraux en prendront pour leur grade.

Douze généraux, parmi lesquels certains furent respectables... On peut n'avoir pas énormément de respect pour un général vivant ; mais un mort doit être respecté. même quand de son vivant il était général. Or le nouveau culte imaginé par les patriotes professionnels est un rite de nécrophages...

Ils montrent de l'imagination dans leurs cérémonies. Mais leur imagination est une imagination macabre. Car le patriotisme est une préparation à la mort, une mise en scène de la mort, une exploitation de la mort ; la mort est montrée comme une récompense à ceux qui ont la naïveté de se faire tuer ; elle apparaît comme une industrie à ceux qui ont la sagesse de survivre.

Les patriotes professionnels n'ont-ils pas perdu le sens des proportions ? Ne risquent-ils point de déprécier la récompense suprême, après laquelle il n'en est plus d'autres, en accordant à douze généraux cette apothéose dont un seul soldat jusqu'ici fut le bénéficiaire anonyme ?

Et que penseront les héros et les demi-dieux de jadis en voyant arriver dans le Paradis des Braves (où les premiers sont les derniers) une escouade de douze généraux sous le commandement d'un simple poilu dont personne n'a jamais su le nom ?

CHAPITRE VIII

DERNIERE HEURE ! (1)

« SI PEAU D'ANE M'ÉTAIT CONTÉ !... »

Vous prendrez un plaisir extrême à une nouvelle adaptation de *Peau d'Ane,* que me révèle un de mes lecteurs... adaptation militaire, poétique et posthume dont l'auteur est un général.

Le sonnet que vous allez lire est extrait d'un recueil intitulé *Vers héroïques,* édité par Berger-Levrault et composé par le général Bruneau.

LE TAMBOUR

C'est le tambour qui bat. Ran plan ! ran plan ! ran plan !
Hardi, petit tapin ! Quelle charge endiablée !
Ta peau d'âne rugit, de coups sourds martelée,
Et nous jette à l'assaut dans un farouche élan.

Qu'as-tu donc dans le ventre, instrument de Satan,
Pour que chacun de nous ait l'âme ensorcelée
Et narguant le trépas se rue en la mêlée
Avec des nerfs d'acier et le cœur d'un Titan ?

Oh ! quand je serai mort, être la basse-taille
Qui domine les bruits stridents de la bataille!
Camarades, au lieu d'engraisser les blés mûrs,

Je veux que dans ma peau notre vieux major taille
Un rond de parchemin sur lequel mes fémurs
Battront la charge au plus épais de la mitraille!

(1) Il a paru opportun de compléter le présent volume par les trois articles ci-dessous, écrits par l'auteur depuis la mise sous presse.

(Note de l'Editeur).

Il faut être juste, même avec les généraux. Ce morceau est d'une excellente facture. Je n'ai jamais rien lu de meilleur dans le genre Déroulède, y compris les œuvres du chef d'école. Les roulements de ce tambour couvrent les sonneries d'un trop célèbre clairon. Pour retourner une formule de Victor Hugo, le général Bruneau, s'il n'avait été un obscur soldat (car enfin, il n'a pas même réussi à devenir maréchal), eût pu être un appréciable poète.

D'un autre point de vue, *Le Tambour* nous donne la mesure des aspirations métaphysiques qui rehaussent les guerriers supérieurs. Un général veut durer ; mais la loi sur les limites d'âge ne lui permet point d'être éternel dans le même emploi. Un général ne peut durer qu'en se transformant... Ainsi, un maréchal vieilli sous le harnais peut faire un conscrit d'Académie, ou un nouveau gardien des pelouses de Chantilly, ou un récent ex-empereur du Maroc.

Mais l'ambition des hommes supérieurs dépasse la durée trop courte de la vie humaine. Pour se prolonger par delà la mort, il faut avoir recours à la métempsycose.

Le capitaine Hurluret, dont notre Courteline se fit l'historiographe, énonçait des ambitions changeantes quant à leur objet, mais toujours irréalisables.

« Je veux être changé en compotier... », s'écriait le capitaine Hurluret, qui disait aussi : « Que je sois changé en moulin à poivre, si... » Car, irrité d'être toujours capitaine, le capitaine Hurluret souhaitait les plus surprenantes métamorphoses.

Le général Bruneau, lui, veut être changé en tambour, et il se charge de fournir les baguettes.

Bruyant, creux, sonore, résonnant sans raison, et fait pour obliger les masses à une obéissance mécanique, le tambour, doué d'une âme brutale, pourrait se souvenir d'avoir été général dans une vie antérieure, et il aurait conscience d'avoir changé d'emploi. Etre général ou tambour, c'est à peu près le même tabac.

Mais quelle fierté pour le tapin de battre la générale sur la peau du général !

Quelle utilisation imprévue, inespérée, des « vieux majors » ! Au lieu de prédire facétieusement les probabilités d'une température imprévisible, ils utiliseront patriotiquement les loisirs de leur retraite et les restes de nos généraux en fabriquant des ronds de parchemin et des baguettes pour les tambours.

Après quoi, enfin, on pourra voir les os et la peau des généraux exposés « au plus épais de la mitraille ».

LE DIVORCE DU GÉNÉRAL

Allons, tout va mieux. Les Boches commencent à payer... On annonce que Frau Ludendorff demande le divorce contre le maréchal. Notre presse patriote annonce avec satisfaction cette manifestation de la justice immanente, et cette satisfaction ne va pas sans quelque perfidie. Certains journaux annoncent que le vieux ménage se détraque parce que Ludendorff, absorbé par la politique, « n'est plus capable de remplir ses devoirs conjugaux ». Une interprétation étroite donnerait une haute idée du tempérament de la maréchale, mais une faible opinion de son intelligence, ou plus exactement de son expérience des hommes. Entendez par « devoirs conjugaux » les droits d'un chef de famille et d'un maître de maison; tels sont les devoirs et les droits que Frau Ludendorff reproche à son mari de négliger pour s'occuper trop exclusivement des affaires publiques, qui vont mal en Allemagne comme en France.

Grâce à Dieu, nos journaux patriotes ont omis de donner une traduction tout aussi littérale et tout aussi tendancieuse d'une phrase incidente publiée par la presse allemande et qui nous informe que « la maréchale a chaque jour assez de lait pour nourrir tous les enfants de Berlin... » (car la maréchale Ludendorff, née Bolle, est propriétaire d'une laiterie véritablement colossale).

Il faut avoir une sale nature pour se réjouir des malheurs intimes du maréchal Ludendorff parce que le maréchal Ludendorff est allemand, ou même parce qu'il est maréchal.

Mais, en bonne justice, nous devons reconnaître que Mme Ludendorff a raison de répudier un homme qui n'est plus l'homme qu'elle a épousé. Elle était la femme d'un militaire; elle ne veut plus être la femme d'un politicien.

On ne me reprochera pas de montrer une tendresse excessive pour les militaires. Mais je suis obligé de reconnaître que les militaires son d'excellents maris, grâce à leur façon de concevoir la discipline, qui est la force des armées et la paix des ménages. Un militaire n'a qu'une conception des rapports possibles entre deux êtres, de même sexe ou de sexe différent : ce sont des rapports de supérieur à inférieur, d'inférieur à supérieur. Dans un ménage militaire, il y en a un qui commande, l'autre qui obéit sans hésitation ni murmure. C'est souvent le mari qui se fait obéir; c'est parfois l'épouse qui porte la culotte de peau; mais jamais on ne constate cette égalité de grade qui est une cause permanente de conflit.

Ce qui fait trop souvent les mauvais ménages, c'est que le mari a dans le cerveau un grain de phosphore en trop, ce qui le prédispose aux fantaisies dangereuses. Or le militaire gradé n'a pas de phosphore du tout dans le cerveau, il accepte les corvées, respecte l'alignement et ne saute plus le mur dès qu'il est orné des galons de caporal.

Ce qui fait aussi les mauvais ménages, c'est que la femme a dans le carburateur un grain de poivre en trop... Je ne dis pas que les militaires sont exempts d'une disgrâce qui atteint même les rois; mais ils n'en savent jamais rien, étant inaptes à concevoir même l'idée qu'une femme les pourrait tromper.

Supposons maintenant que le militaire, sur le tard, se lance dans la politique. Ce n'est plus le même homme. Il veut avoir des idées. Il cherche à comprendre. Il perd son équilibre et tombe dans la fantaisie. Il pérore le soir en chemise, devant son armoire à glace, et couche en joue un ennemi fictif, qui est son adversaire politique. Aux yeux de sa femme et de son ordonnance, il cesse d'être majestueux pour devenir ridicule... Un beau matin, il rentre au domicile conjugal avec un œil poché et des vêtements en lambeaux; le général s'est battu, battu personnellement, ce qui serait un scandale en temps de guerre. La générale, qui ne connaît pas les habitudes du service en campagne électorale, est justement indignée, et ces voies de fait lui semblent justiciables d'une procédure de divorce.

Telle est l'histoire du ménage Ludendorff. Telle fut l'histoire du ménage Napoléon.

Car le ménage du général Bonaparte serait resté fort uni si Bonaparte était seulement resté général... Tandis qu'il est parvenu à faire deux mauvais ménages lorsque, par la grâce de la politique, il est devenu Napoléon.

LES BRAVES GENS !

On me communique le document suivant :

ASSOCIATION AMICALE
DES OFFICIERS DÉMISSIONNAIRES
DES ARMÉES
DE TERRE ET DE MER

Paris, 12 mai 1926.

Mon cher camarade,

Nous vous informons que l'Association Amicale des Officiers Démissionnaires tiendra son assemblée générale le dimanche 30 mai 1926, à 10 heures précises du matin, au Cercle militaire, 49, avenue de l'Opéra, Paris.

Nous vous prions instamment d'assister à cette réunion pour prendre toutes décisions utiles en ce qui concerne l'avenir de notre société, et vous tenir au courant des efforts du bureau, en ce qui concerne l'obtention de notre retraite proportionnelle.

Veuillez agréer, etc...

Le Bureau de Paris :
Le Président : M. BERGERET DE FROUVILLE,
12, rue Berton, Sceaux.

Le vice-président : E. REGNAULT,
4, rue de Calais, Paris.

Le secrétaire général: M. ARMENGAUD,
36, av. Charles-Floquet, Paris.

Je vais, par exception, renier ma foi individualiste, et le dogme de l'indépendance parfaite obtenue par la grâce du farouche isolement.

Cette association des Officiers Repentis me semble une institution d'utilité publique; elle est juste; elle est nécessaire; elle est sympathique, quand bien même le groupement de démissionnaires présenterait l'aspect d'une compagnie, d'un bataillon, d'un régiment... Plaise aux dieux que ce soit un jour une armée, toute l'armée... Lorsque tous les officiers auront fait demi-tour, tous les soldats pourront s'en aller, car la présence des soldats, dans tous les pays du monde, ne sert qu'à justifier la présence des officiers. Les tableaux militaires sont uniquement des prétextes aux cadres, aux beaux cadres dorés.

Je vous prie de vouloir bien considérer les signatures, qui font toute la valeur de la convocation reproduite ci-dessus ; elles prouvent la sincérité d'une conversion collective, d'un mouvement d'ensemble opéré par principe.

Les « anciens officiers », les quart-de-solde, ceux dont l'oreille fut fendue par l'effet de l'âge ou de quelque autre nécessité, ceux qui malgré eux quittèrent l'armée, continuent à être officiers jusqu'au bout, après le bout. Ils conservent leur grade dans le civil. Il faut que l'on continue à les appeler « maréchal Joffre », ou « commandant Bravida », ou « capitaine Barbas »... Et on étonnerait fort le général de Castelnau, croyant sincère, en lui disant qu'après sa mort, dans le Paradis du Bon Dieu, il ne sera peut-être plus général.

Ainsi on pouvait s'attendre à voir la convocation adressée aux officiers démissionnaires signée, par exemple, du colonel Bergeret de Frouville, du commandant Regnault, du capitaine Armengaud.

Au contraire, vous trouvez ceci : M. Bergeret de Frouville ; M. Regnault ; M. Armengaud.

Ce sont des hommes honnêtes et de bonne volonté, qui ont contracté un engagement volontaire dans le civil et qui prennent au sérieux leur engagement. Leur fierté les a promus à un grade très supérieur à tous les grades militaires; ils sont devenus des messieurs, et même mieux : des hommes affranchis de toute hiérarchie et de toute servilité, n'ayant plus à répondre de leurs gestes à personne, même pas au ministère de la guerre, et libres enfin d'obéir à leur conscience.

Ces officiers désarment l'antimilitarisme.

Comme j'ai eu le très grand plaisir de l'expliquer de vive voix lundi soir, à la salle Wagram, devant 5.000 de mes amis (ce n'est pas de la prétention, c'est de la reconnaissance), l'antimilitarisme ne doit pas être une opinion agressive... C'est une forme de l'instinct de conservation. C'est aussi une forme de l'instinct paternel : car nous devons défendre nos gosses contre le patriotisme mortel comme nous les défendons contre d'autres maladies épidémiques, éruptives et infectieuses.

Et, dans l'organisme social, les Officiers Démissionnaires peuvent jouer le rôle bienfaisant que jouent les phacogytes dans l'organisme humain menacé par les légions de microbes malfaisants.

Ne leur reprochez pas de se réunir au Cercle Militaire. C'est là qu'ils peuvent faire la meilleure propagande.

Et faites place parmi vous à ces frères égarés, à ces ouvriers de la onzième heure qui ont enfin compris l'orgueil de vivre du travail de leurs mains ou de leur cerveau.

Car il est écrit :

« Il y aura plus de joie au ciel pour le retour d'un pécheur repenti.. »

TABLE DES MATIERES

CHAPITRE IV

LES MEDECINS MILITAIRES

CHAPITRE V

JUSTICE ET CONSEILS DE GUERRE

CHAPITRE VI

LE HEROS

CHAPITRE VII

LES GENERAUX

CHAPITRE VIII

DERNIERE HEURE !

ACHEVÉ D'IMPRIMER
LE 25 JUIN 1926
SUR LES PRESSES DES
ARTISANS IMPRIMEURS
F. LEFÈVRE, DIRECTEUR
23, RUE DE LA MARE
A PARIS (XXe)

www.ingramcontent.com/pod-product-compliance
Lightning Source LLC
LaVergne TN
LVHW051005200726
843508LV00001B/152